世界が感動する
日本の「当たり前」

マンリオ・カデロ
Manlio Cadelo

小学館新書

著者の母国サンマリノ共和国はイタリア半島にある世界で５番目に小さい、世界最古の共和国。サンマリノ共和国へは、アリタリア航空が便利。リミニからサンマリノまで車・バスで約30分。
アリタリア航空　http://www.alitalia.com/jp_ja/

序章

日本の「当たり前」が、世界では素晴らしい

駐日外交団長としての活動を続けています

２０１１年、私は駐日大使１５４名の代表となる駐日外交団長に就任しました。現在も駐日大使の代表として、天皇陛下の御誕辰《ごたんしん》（誕生日）の御挨拶のスピーチや外国への訪問の際には羽田空港までお見送りに行かせていただいております。誠に光栄です。２０１９年の４月に天皇陛下は御退位される予定です。御退位に際しては、駐日外交団は真摯《しんし》な気持ちで、天皇陛下に感謝を申し上げたいと考えています。

２０１７年８月31日、ウィリアム・ハガティ駐日アメリカ大使は天皇陛下に信任状を捧《ほう》呈《てい》し、正式に駐日アメリカ特命全権大使に就任しました。皇居での信任状捧呈式後、報道機関に対して「日米パートナーシップは今も変わらず、アジア太平洋地域の平和、繁栄、自由の礎です。私は大使として、日本政府および日本国民の皆さんと緊密に連携し、日米関係の維持・強化、ならびに日本とアメリカの協力および友好関係を強化していきます」と抱負を語られていました。

信任状捧呈式は、新任の外国の大使が信任状を天皇陛下に捧呈する儀式です。外務大臣または他の国務大臣が侍立することとされています。なお、大使一行の皇居への送迎に際しては、大使の希望により、皇室用の自動車か馬車が提供されています。私をはじめ多くの大使は馬車をお願いしました。馬車で皇居に向かう信任状捧呈式の感動は今でも忘れられず、素晴らしいものでした。

おそらく雨天であり警備上のこともあって、ハガティ大使は東京駅近くから皇居まで、菊の御紋が入ったリムジン自動車で移動されました。ハガティ大使は天皇陛下の信任状捧呈式の数日後、駐日サンマリノ大使館を訪ねてくれました。ハガティ大使は、コンサルティング・ファーム（ボストン・コンサルティング・グループ）に勤めていた1989年から3年間、東京に駐在したビジネスマンです。

大使ご自身は外交に関してプロフェッショナルではないと謙遜されていましたが、実は日本のことにとても精通しており、私たち駐日外交団の活動などに関して鋭い質問をされました。ドナルド・トランプ大統領により抜擢《ばってき》されたハガティ大使には、素直で有能なビジネスマンとして、また外交官としても、とても礼儀正しい方で好感を持ちました。「靖国」への中国や韓国による非難、世間で蔓延《まんえん》する誤解などがありますから、アーリントン国立

ウィリアム・ハガティ駐日アメリカ大使（左）は着任後、駐日サンマリノ共和国大使館を訪ねてくださいました。

墓地（アメリカ・ヴァージニア州）のような場所として「靖国神社」を視察されることをお勧めいたしました。

高見沢俊彦さん　番組でサンマリノを取材いただき感謝いたします

２０１８年3月16日に放送された日本テレビ系の番組『アナザースカイ』（金曜23：00〜）のロケのために、当大使館のリカルド・リッチョーニ参事官にサンマリノ共和国を代表する１人として同行してもらいました。

かねてからサンマリノワインの愛好家であり、親しくお付き合いいただいている「THE《ジ》 ALFEE《アルフィー》」のギタリスト・高見沢俊彦さんが番組でサンマリノを訪問されたからです。現地では、国として高見沢さんを歓待いたしました。

偶然にも共通の知人からの紹介もあり、高見沢さんが拙著『だから日本は世界から尊敬される』（小学館）を読んでいただいたとお聞きして、コンサートでお会いして以来、とても仲良くさせていただいております。

高見沢さんとは同じ干支《えと》であり、楽しいジョークとして高見沢さんを私の「日本の弟」

ですと、パーティーでご紹介したこともあるほどです。２０１６年に限定８４０本発売したサンマリノワイン「ルパン三世コラボワイン」はデパートの伊勢丹などで大好評でした。イタリアでの『ルパン三世』放送記念として企画されたこのワイン発売のパーティーにも、高見沢さんにご参加いただきました。

サンマリノワインでご縁のある高見沢さんは、２０１６年にソロ活動25周年（１９９１年に初のソロアルバム発売）を迎えました。そこで、２０１７年の年頭に「ソロ活動25周年」を記念したワインをサンマリノ共和国で醸造されたいとのご依頼を受け、サンマリノ共和国・国営ワイナリーで企画から発売まで進めていただきました。

２０１８年の3月に、日本テレビ系の『アナザースカイ』の放送が反響を呼び、サンマリノ共和国やサンマリノのワインについて、多くの日本の方に注目いただきました。とても嬉《うれ》しく思います。心から取材関係者の皆さまに感謝いたします。また、高見沢さんが気に入ってくださったサンマリノワインを日本の皆さまがご堪能されることを願っています。今年、２０１８年には「THE《ジ》 ALFEE《アルフィー》」結成45周年を迎えられましたので、ますますのご活躍を祈念しております。

日本語が話せる大使24名からの提言

大使には、主に自国のPRしかされないタイプの大使と、駐在地の文化を理解し、それを友好的に発信していき、双方の国がそれぞれ仲良くなれるよう努力するタイプの大使がいます。私は後者だと自認しています。

２０１７年12月18日正午から総理公邸で、安倍晋三内閣総理大臣と日本語を話す駐日各国大使との昼食会に招かれました。今回は日本語を話すサンマリノ、ベネズエラ、ミクロネシア、エルサルバドル、アゼルバイジャン、アルメニア、トンガ、ジョージア、セルビア、マケドニア、パナマ、スリランカ、チュニジア、インド、アラブ首長国連邦、カザフスタン、ニュージーランド、ルーマニア、ハンガリー、フィリピン、アフガニスタン、パキスタン、ナイジェリア、ブルキナファソの駐日大使および次期駐日大使（信任状捧呈未了の大使）の24名が招待されました。駐日中国大使も日本語を話されますが、残念ながら今回は欠席されました。

安倍総理は昼食会の冒頭で「日本語を通じて日本の文化や社会について深く理解してお

写真／内閣広報室提供

総理公邸で日本へ提言いたしました。

られる皆さまの御意見は、わが国にとって大変心強く貴重なものです。日本はどちらかというとあまり自己主張をしない国ですが、自己主張しない私たちに代わって皆さまにぜひ日本の良さ、日本の文化を発信していただきたいと思っている次第です」「大変親日家である皆さまから率直な御意見を頂きながら、日本をもっとこうしたほうがいい、政府はこういう面が足りないということがあれば、日本に来ている外国人の立場からいろんな貴重な御意見を頂きたい」と挨拶されました。

2020年の東京オリンピック・パラリンピックを迎えるにあたり、日本語を通じて日本の文化や社会について知っている外国人大使の意見を聞いていただけることはとても名誉なことです。この昼食会は、日本語が堪能な駐日各国大使から日本語で大使の立場から見た日本について率直な意見を、総理にお伝えする貴重な機会です。総理がご用意されたとても美味《おい》しいお弁当と日本が誇る甲州ワインをいただきながら、各国の大使と日本語で意見交換を行うのは光栄なことです。私も簡潔に日本の素晴らしさを総理にお伝えいたしました。

総理公邸での昼食会は限られた時間でしたので、総理や各国の大使に対してお伝えしたのは本書のエッセンスだけでした。本書では、総理や大使の皆さまにお伝えしたかったことのすべてを綴《つづ》りました。読者の皆さまに、日本の「当たり前」の素晴らしさやこれからもっと素晴らしくなるために必要なことをお伝えできればと思っています。

丹下健三先生に教えていただいた「当たり前」

外交官になる前の私はジャーナリストでした。イタリアの出版社へインタビュー記事などを送っていたのです。その当時イタリアで有名な日本人といえば、柔道家の嘉納治五郎先生（講道館）と世界的な建築家の丹下健三先生でした。私は丹下健三先生のインタビューのために、原宿の事務所に何度かうかがいました。ある日のインタビューで、丹下先生は「イタリアの街は設計がとても素晴らしい。どこの街に行っても広場、噴水、階段がうまく配置されているのが素晴らしい」とおっしゃったのです。確かにイタリアやサンマリノでは、どんな小さな街にも広場、噴水、階段があります。そんなのはイタリアやサンマリノの人にとっては「当たり前」のことなので、丹下先生が素晴らしいという意味がまったくわかりませんでした。

「カデロさん、広場があれば待ち合わせの場所にもなるし、コンサートも集会もできますね。人と交流するチャンスも増えます。噴水があれば手を洗ったりできるし、涼しくて、気持ちいいでしょう。また、美味しいイタリア料理を食べた後は運動する必要もあるでしょう。食べた後に階段でエクササイズもできるでしょう。だから、イタリアの街に広場、噴水、階段を配置した設計が素晴らしいのですよ。イタリアの街や建物から学ぶことが多いのです」とおっしゃいました。

確かにイタリアにはローマ時代からの建物も、美しい街並みも、歴史的な建物や彫刻も街中に「当たり前」のように建っています。イタリアに生まれた人にとっては、そんな建物や街並みなど「当たり前」すぎて、その良さには気づきません。だから、丹下先生が広場、噴水、階段が素晴らしいと言われても、何が素晴らしいのか意味がわからなかったのです。イタリアやサンマリノの人には、「当たり前」すぎてその素晴らしさに気づかないことを、外国人の丹下先生がイタリアの「当たり前」の素晴らしさを教えてくれたのです。

日本で生まれた日本人の皆さんには、見慣れたことで、「当たり前」すぎることであっても、外国人から見ると素晴らしいことがたくさんあります。１９７５年から日本に在住する外国人の私から見ると、なんて素晴らしいと思うことでも、日本人の皆さんにとっては「当たり前」なことで、その素晴らしさに気づいていないのだなと思うことがあります。

私が丹下先生から教えてもらったイタリアの広場、噴水、階段の素晴らしさは、目から鱗《うろこ》のことでした。尊敬する丹下先生のように、日本人が気づきにくい、世界を魅了する日本の「当たり前」を本書では書かせていただきます。拙著が、丹下先生へのお礼になれば誠に幸いです。

日本は世界を魅了する国

駐日外交団長として、駐日サンマリノ共和国大使として、日本各地から講演のために招かれています。ここ数年、全国各地を訪問して実感したことがあります。日本は世界の人々が訪れたい素晴らしい自然、文化、食、気候に恵まれた国だということです。世界的に見ても素晴らしい歴史、文化、マナーなど、もっと世界に自慢しても良いはずですが、日本人の多くの方はまったく自慢することなく、極めて謙虚です。

少し古い調査結果になりますが、２００９年の英誌『エコノミスト』が報じた調査（米国レピュテーション・インスティチュート社）によれば、世界33か国中、自国に対する誇りが最も高いのがオーストラリアで、2位以下はカナダ、フィンランド、オーストリア、シンガポール、インド、中国、フランス、スペインと続き、アメリカは11位、日本は33位と最下位でした。点数でいうと、1位のオーストラリアは100点満点として約90点で自国を評価し、標準的であるといえる11位のアメリカでも約70点。それらに対して日本人が自国につけた点数は56点ほどだったそうです。

しかし私の視点で見れば、日本は世界的に見ても希少な素晴らしい国、世界に誇るべき国です。日本では総じて、目立ったりアピールしたりすることは良いマナーでありません。真の良さを他人に自慢することは良いとされていないからです。そんな謙虚なお国柄のためか、日本の方はあまり自己アピールされませんが、世界からは最も尊敬されています。

現在、日本は世界の人々が一番訪れたい国です。世界中から、日本は注目されています。2020年の東京オリンピック・パラリンピックの開催があってもなくても、世界から日本へ訪れる人々は、これからますます増えていくでしょう。日本各地にさらに多くの外国人が訪れ、日本の精神性、文化、自然、神道の素晴らしさを体験することになると思います。日本人の皆さんにとっては、「当たり前」のことかもしれませんが、外国人で外交官の私から見れば素晴らしいことが、日本にはあふれています。本書では、その素晴らしい「当たり前」を、皆さんと共有させていただければ幸いです。

2018年5月

駐日外交団長・駐日サンマリノ共和国特命全権大使　マンリオ・カデロ

〈目次〉

序章◉日本の「当たり前」が、世界では素晴らしい……3
駐日外交団長としての活動を続けています
高見沢俊彦さん　番組でサンマリノを取材いただき感謝いたします
日本語が話せる大使24名からの提言
丹下健三先生に教えていただいた「当たり前」
日本は世界を魅了する国

第1章◉世界が求めている神道の精神……25
天皇陛下御誕辰の祝賀スピーチ

歌会始で国民を皇居に招く素晴らしさ
アルベルト・ボッターリ・デ・カステッロ大使と伊勢神宮へ
田植えと日本のお祭り
平和を願う神道の精神
ヨーロッパにサンマリノ神社を創建できて光栄です
美しい、清いことが、「当たり前」な日本
美しいシンガポールと清く美しい東京の違い
皇居勤労奉仕の素晴らしさ
「むなかた応援大使」の使命
「海の正倉院」と海洋環境を守る
落とした財布や現金が戻ってくる国
椅子にかばんを置いていても盗まれない
銃規制と平和な国
海や山の幸を無駄にしない
世界から尊敬される武士道精神
騎士だからこそ、武士の気持ちがわかります

第2章 ● それでも Made in Japanは尊敬される …… 63
Googleも日本の「当たり前」をオフィスへ
日本茶ペットボトルに英語表示を加えてみたら
美しく高いミネラルウォーターと間違えて
日本の市販薬、漢方薬の良さを知らせたい！
ミラノで日本のガソリン・エンジンが受賞しました
未来のクルマ社会は日本がリードする？
世界へ広がる日本の小型水力発電機
日本発のカーボンバッテリーが未来を開く？
世界初の自立するバイクに驚きました
日本のモノ作りは縄文時代から続く伝統です
第3章 ● 世界を魅了する和食 …… 81
旬の素材を生かす和食は世界に誇る食文化
ミラノ万博が日本食人気の起爆剤になりました
世界に広がる日本の「UMAMI」

ファストフードよりも日本の伝統食を大切にしましょう
DHAやEPAが豊富な刺身が、日本人を健康にしてきました
イタリアのエキストラ・バージン・オリーブオイルと日本の胡麻油が最高です
和食の一汁三菜の知恵とお弁当
高価なフランスワインよりも素晴らしいワインとは？
ハーフグラスワインと「もっきり」酒
日本各地の酒蔵で造られる日本酒
世界が認めた日本のウイスキー

第4章 ◈ 世界が憧れる日本の旅 …… 97

温泉と日本人と神道
サンマリノにもローマ時代からの温泉があります
伊達政宗、支倉常長ゆかりの温泉
出羽三山と温泉に感動しました
2020年インバウンド4000万人に備えましょう
日本の観光ビザ緩和政策は、世界の観光客にはいいことです
若くて優秀な人に労働ビザを与えましょう

観光客は「爆買い」だけではありません
オーストラリアやヨーロッパからの観光客が愛する日本の自然
観光地の英語表記は大丈夫でしょうか？
和製英語の「当たり前」？
交通機関の多言語化はどうなっていますか？
世界で4か国語表記している列車はめずらしい
民泊は富裕層も利用します
真の日本体験ができる旅館が求められています
日本の美しい道路はもっと素晴らしくなる
公共施設の使われない駐車スペースはもったいない
自転車が歩道を走るのを、「当たり前」にしない
観光業で誰もが恩恵を受ける国になれます
訪れたい素晴らしい場所とは？
沖縄は世界最高のリゾートになります

第5章 ◉ 外交官の使命と国際情勢……141
世界で初めての大使館は、いつ誕生したのか？

教皇レオ1世は卓越した外交官でもありました
ルネッサンス時代のミラノで生まれた外交儀礼（プロトコール）
「外交関係に関するウィーン条約」で守られた大使館
大使は政治家ではありません、大使館という船の船長です
メッセンジャーである大使の殺害は許されない暴挙
試合後には、相手を敬う武道の精神
フェアプレーの精神が通じないこともある
最終的かつ不可逆的な日韓合意とは何か？
外交で高い授業料
中国の政治体制はどうなるのか？
パックス・ロマーナからパックス・シニカを考えてみる
ODAは当然のこと、感謝はしない
「平和的な武器」を開発できないか？
北東アジアの脅威への仕方ない出費
パックス・アメリカーナへの不安
ノーベル賞の受賞でわかる日本の実力
終わりに……………………180
主な参照文献　引用文献一覧

【お知らせ】２０１８年、サンマリノから記念郵便切手を発行できて誠に光栄です。

２０１８年６月１日にサンマリノ共和国から記念郵便切手が発行されます。紀元３０１年建国のサンマリノ共和国に、２０１４年６月22日にヨーロッパ初の神社が創建されたことを記念して、また、１９８４年にサンマリノを初めて御訪問されました浩宮さま（当時）が２０１９年、天皇に御即位されることを記念する切手です。この切手はチャリティ目的で、２ユーロ切手を２枚セットにして発行されます。ティターノ山の３つの山と日本を象徴する桜と伊勢神宮由来のサンマリノ神社をモチーフにデザインしています。切手を保管するために、専用の台紙も用意いたしました。こうした記念切手を母国から発行できて誠に光栄です。

第1章

世界が求めている神道の精神

天皇陛下御誕辰《ごたんしん》の祝賀スピーチ

２０１７年12月23日、天皇陛下は満84歳のお誕生日をお迎えになりました。宮内庁ＨＰ「天皇陛下お誕生日に際し」によると、陛下は２０１７年に、内閣総理大臣の親任式、国務大臣33名をはじめ計１３８名の認証官任命、大綬章《だいじゅしょう》23名、文化勲章５名の親授式《しんじゅしき》に臨まれたほか、内閣から上奏《じょうそう》のあった９５５件の書類に御署名押印をなされました。

陛下は公務でとても御多忙でありながら、駐日外交団の新任外国大使32名の信任状捧呈《ほうてい》式にも臨まれました。駐日外交団一同、感謝しております。天皇陛下が御退位され、皇太子さまが御即位される２０１９年の年末まで、私も真摯《しんし》に駐日外交団長の責務を果たさせていただく所存です。

２０１７年の天皇誕生日に皇居で行われた一般参賀には、５万２３００人が訪れ、平成になって最多となりました。皇居正門（二重橋）が午前9時30分に開門され、午前の祝賀行事には、天皇皇后両陛下、皇太子同妃両殿下、秋篠宮同妃両殿下、眞子内親王殿下がお出ましになりました。

例年、午後は宮殿において、恒例の祝賀行事が行われます。午後0時55分、松の間の「祝賀の儀」から始まります。天皇陛下が、皇太子殿下はじめ皇族方、内閣総理大臣、衆・参両院の議長、最高裁判所長官から祝賀をお受けになります。次に午後1時から、豊明殿で「宴会の儀」です。天皇陛下が皇后陛下とご一緒に、衆・参両院の議長・副議長・議員、内閣総理大臣・国務大臣、最高裁判所長官・判事、その他の認証官、各省庁の事務次官など立法・行政・司法各機関の要人、都道府県の知事、各界代表者とそれぞれの配偶者を招いて宴会を催され、祝賀をお受けになる行事で、皇太子殿下をはじめ皇族方も列席されます。そして、午後3時から、春秋の間で「茶会の儀」が行われます。天皇陛下が皇后陛下とご一緒に、各国の外交使節団の長とその配偶者を招いて茶会を催され、祝賀をお受けになる行事で、皇太子殿下をはじめ皇族方も列席されます。

毎年12月23日の朝は、身に余る光栄な気持ちとともに、とても緊張いたします。なぜなら、私は記念すべき天皇誕生日の「茶会の儀」に駐日外交団長として参加し、各国駐日大使を代表して祝賀スピーチを申し上げる大役を仰せつかっているからです。この日も午後3時の「茶会の儀」のために、スピーチのリハーサルをしてから皇居に入りました。

皇居に入るたびに感じるのは、神社のような雰囲気があることです。宮殿もシンプルであり、まるで神社にいるようです。諸外国の宮殿の多くが、金、銀、宝石できらびやかな雰囲気が「当たり前」であるのに対して、日本の宮殿はまったく違う雰囲気を持っています。質素でシンプルで、エレガントなのが日本の宮殿の「当たり前」なのです。

天皇陛下をはじめ皇族の方々は、質素で贅《ぜい》を好まれません。そこで駐日外交団一同は、「天皇陛下お誕生日に際し　心よりお慶《よろこ》び申し上げます　駐日外交団一同」というプレートを添えて、シンプルな紅白のバラのフラワーアレンジメントをお贈りいたしました。派手で華美な花のアレンジメントではなく、ミニマルで、シンプルで、それであって美しいものをお贈りいたしました。お花をお納めくださった陛下から柔和な表情でお礼のお言葉をいただきました。外交団一同は陛下のお心遣いに感謝しております。

祝賀スピーチについては、毎年、どのようなテーマでお祝いしたら陛下にお喜びいただけるか、数か月前から頭を悩ませています。いろいろと考えた末に、２０１７年の「茶会の儀」では、次のような簡潔な祝賀スピーチを英語で行いました。以下に日本語訳を皆さんと共有させていただきます。

駐日外交団一同によるフラワーアレンジメント。

＊

天皇陛下。駐日外交団一同を代表して、この素晴らしい日をお祝いできることをとても光栄に存じております。

平成30年、明治維新150周年を迎えます。明治維新で日本は開国し、西洋諸国と外交関係を持ち、また世界の諸外国と友好関係を築き上げてこられました。

明治天皇と歴代の天皇による平和と調和を促進する努力のおかげで、現代の日本は、おもてなしの精神と、平和を愛する文明のリーダーとして世界中から高い評価を得ています。日本の人々は常に、他国の災難、災害、自然災害の場合にも、真摯に手助けをする準備ができています。

陛下。駐日外交団のすべての大使は、天皇陛下とご家族、そして日本国民の皆さまの健康と長寿を祈っております。御誕辰《ごたんしん》おめでとうございます。

マンリオ・カデロ　サンマリノ共和国特命全権大使　駐日外交団長

２０１７年12月23日　東京にて

＊

2017年のスピーチでは、「明治維新」をテーマにしてお慶び申し上げました。紀元前660年にカンヤマトイワレヒコノスメラミコト（神武天皇）が国をつくられたと『日本書紀』に書かれています。さまざまな歴史の諸説がありますが、日本を創造したといわれるイザナギノミコトとイザナミノミコトの7代目にあたる神武天皇による建国から現在まで、天皇陛下は神武天皇の子孫によって受け継がれてきました。神武天皇がつくられた国は、一度も途切れることなく2600年以上、現在まで続いているのです。このような歴史、125代の天皇の歴史は、日本では多くの人が「当たり前」と思われていますが、世界から見ればこのような長き歴史と文化を持つ国はありません。ですから日本は世界からとても尊敬を集めています。

神武天皇の建国以来、中国大陸の大国の属国になったこともなく、西洋の植民地になったこともないのが日本です。私は「明治維新」は、日本の歴史でとても重要な転機であったと考えています。戦国時代までは世界でもトップクラスの高い工業技術力を持っていた日本でしたが、江戸幕府の鎖国政策で、幕末には世界最先端の工業技術の情報が入りにくくなっていました。しかも、幕末から明治維新の時代は、西洋列強による植民地支配がアジアでも進んでいました。当時の日本が西洋列強の植民地になってもも不思議ではなかったのです。明治維新の近代化で日本は立憲君主国となっても、神武天皇時代から続く日本の歴史が途絶えることがありませんでした。現存する世界最古の国は日本といわれ、尊敬されているゆえんでもあります。

ヨーロッパから最先端の科学・技術や法制度などをいち早く取り入れ、近代国家の礎を築き上げた日本は、そうした科学・技術や制度をすぐに取り入れて発展させることが可能な国だったのです。明治維新以前から日本には科学・技術を進歩させる優れた人が多くいたのだと思っています。現代の日本にも、世界のために研究を続けて大きな成果を上げている科学者がたくさんおり、ノーベル賞を受賞した科学者の数がアジアでは突出しているのは、その証左の1つです。天皇陛下も魚類学の科学者として、ハゼ類のご研究を長年続けられています。日本魚類学会会員として論文や著書もご執筆になっており、1998年には魚類学のご研究の業績により、英国王立協会から科学の進歩に顕著な貢献があった元首に贈られるチャールズ2世メダルをお受けにもなっています。

歌人として平和で安泰でありますようにと常にお祈りになり、科学者としてご研究を続けられている陛下の御誕辰祝賀スピーチを申し上げさせていただいたことは誠に光栄です。２０１８年の明治維新１５０周年を機に、日本の歴史と文化をさらに学びたいと思います。

歌会始で国民を皇居に招く素晴らしさ

歴代の天皇は歌人でした。和歌は日本独特の文化であり、古い短歌であることを、私は駐日外交団の各国大使の皆さんをはじめ多くの方にも伝えてきました。「詩歌《しいか》」という表現芸術は、古くは短歌、長歌、旋頭歌《せどうか》などいくつかの種類に分かれていましたが、平安時代以降、短歌に集約され、また今日に引き継がれています。短歌のルールは、「31文字」、これだけです。5句から成る31文字で自由に自分の感情や情緒を表現するとてもシンプルな方法です。また、上の句と下の句を交互につくって詠《よ》みあえば、１つの詩ができ上がる楽しみもあります。これを連歌と呼んでいますが、日本人が昔から詩歌を通じてコミュニケーションを図っていたことは、私にとっては驚くべきことでした。

8世紀に大伴家持によって編纂《へんさん》された『万葉集』は、日本最古の歌集として知られていますが、その頃から天皇は歌人でした。平和と世の中の安泰を祈って、歌を詠まれ続けてきました。

新年恒例の「歌会始の儀」が2018年1月12日、皇居・宮殿「松の間」で開かれました。天皇皇后両陛下、皇族の方々、天皇陛下に招かれた召人《めしうど》、選者のほか、一般応募2万453首から選ばれた入選者10人の歌が、朗詠《ろうえい》されました。「歌会始」のお題は「語」でした。天皇陛下は「語りつつあしたの苑《その》を歩み行けば林の中にきんらんの咲く」、皇后陛下は「語るなく重きを負《お》ひし君が肩に早春の日差し静かにそそぐ」と詠進《えいしん》されました。

1975年に日本に移住してきた時に私は、宮中で催される「歌会始」に一般の国民が招かれることを知り驚いたことを覚えています。詳しく調べてみると、1874年から皇族、貴顕《きけん》、側近などだけでなく、国民も皇居の歌会に参加でき、詠進が認められているのです。これが「歌会始」。世界に類を見ない「当たり前」です。

諸外国で宮殿に一般人を招き入れ、王族や貴族とともに歌を詠進するという国を、私は聞いたことがありません。多くの国で行われている宮廷行事は、王侯貴族や名士たちだけが招待されるのが、世界では「当たり前」です。2018年の入選者には長崎県佐世保市の12歳の少年も選ばれました。世界に類のない国民が参加できる宮中の文化行事は世界に誇れるものだと思います。現在は、日本全国のみならず海外からも短歌が寄せられているようです。また、宮中の文化行事が皇室と国民の心を親しく結ぶものとなっていることは、素晴らしいことです。外国人でも短歌が入選すれば皇居に招かれて天皇陛下に拝謁でき、歌を詠進できる可能性があることは、世界にとっても喜ばしいことだと思います。私も、「歌会始」で世界平和の短歌を詠める日が来ることを願っています。

アルベルト・ボッターリ・デ・カステッロ大使と伊勢神宮へ

2005年8月25日に駐日ローマ教皇庁（バチカン市国）大使館に新任大使が赴任されました。アルベルト・ボッターリ・デ・カステッロ大使は、皇居で天皇陛下に信任状を捧呈された後に、大使館にいらっしゃいました。イタリア・ベネチア近郊のモンテベッルーナ出身の大使は、とても明るく気さくな方でした。日本についてのアドバイスを求められましたので、「日本の文化を知ってください。文化を知った上で、日本人の友人をたくさんつくってください。神道も素晴らしいので、神社に参拝してください」と、駐日大使の仲間としてアドバイスしました。ボッターリ大使と私は非常に気が合い、その後とても親しくなりました。

ボッターリ大使が駐在中に、日本各地を一緒に視察することが何度かありました。日本は、世界で唯一の原子力爆弾の被爆国ですから、広島と長崎の原爆の爆心地を訪ねて、日本と世界の平和を祈念しました。大使とは、その後も一緒に日本各地を回りました。大使は歴史ある長崎のカトリック教会にとても感激されていましたが、伊勢の神宮にも感銘を受けられていました。当時の神社本庁の国際広報・葦津《あしづ》敬之《たかゆき》さんのご案内で、ボッターリ大使と私は伊勢神宮に参拝したのです。ボッターリ大使、随員のレオン・ビー・カレンガ参事官（バチカン市国）、リカルド・リッチョーニ参事官（サンマリノ共和国）と私は、葦津さんから神道についてたくさん学びました。

「伊勢神宮」の正式名称に「伊勢」の名はついておらず、「神宮」とは伊勢神宮のことを意味していることも教えていただきました。伊勢神宮では20年に一度社殿を造り替え、大御神《おおみかみ》にお遷《うつ》りいただく「式年遷宮」が1300年以上も続いていると聞き、非常に驚きました。「式年遷宮」は、天武天皇の御代《みよ》に制度が確立され、持統天皇の御代（690年）に第1回「式年遷宮」が行われたという伝統的な儀式です。かつては国費で遷宮が行われていましたが、現在は国の安泰と国民の幸福を祈られる天皇陛下の大御心《おおみごころ》に、国民が募財という形で力を結集して行われているそうです。1300年以上も続く歴史ある「式年遷宮」の儀式が、「当たり前」のように続けられている神道と神宮の歴史に感動しました。

伊勢に訪れた時の神々しい森と清流と社《やしろ》の光景は、今でも鮮明に覚えています。五十鈴川の上流にあり、「宮域林《きゅういきりん》」と呼ばれる神宮の森は、緑に恵まれた美しい森でした。まず面積が5500ヘクタールで、東京都世田谷区に匹敵する広さがあるのです。「宮域林」は、天照大御神がご鎮座された当時から神路山《かみじやま》、天照山《あまてるやま》、神垣山《かみがきやま》などと呼ばれ、大御神の山として崇《あが》められている緑豊かな山だったそうです。

森の半分が天然林で占められていて、針葉樹と常緑広葉樹の絶妙なミックスで森は成り立っています。緑豊かな神宮の森と透明度の高い清流がとても神秘的な雰囲気を醸し出していました。「宮域林」は、言葉では言い表せないほど美しい森です。この神の森と清流を見るだけでも、伊勢を訪問したかいがあったと思いました。神宮に参拝した後、伊勢名物の『赤福』を購入して、私たちは楽しく東京へ戻りました。

この参拝がご縁となり、2013年に私は「式年遷宮」に招待されました。まさか招待されるとは思っていませんでしたが、伊勢神宮の第62回「式年遷宮」の貴重な機会に立ち会わせていただき感謝しております。

田植えと日本のお祭り

天皇陛下は5月に、皇居内の生物学研究所脇にある水田で田植えをされることが恒例になっています。２０１７年は長靴姿でうるち米ともち米の苗約２００株を植えられました。苗数株を植えるのであれば形式的な式典ですが、２００株も植えるとなるとちょっとした農作業です。ヨーロッパでは王や貴族が農作業をすることはありません。なぜ、日本では天皇陛下が水田で田植えをされるのか、ずっと不思議に思っていました。しかし、伊勢神宮を参拝してからその理由が少しずつ理解できるようになってきました。恒例祭典の祈年祭と新嘗祭《にいなめさい》が、天皇陛下の皇居での田植えにつながる大切な祭祀《さいし》だと知るようになったのです。

東京の皇居内には宮中三殿（賢所《かしこどころ》、皇霊殿《こうれいでん》、神殿《しんでん》）があり、年間約20件の祭儀が行われています。賢所には皇祖天照大御神が祀《まつ》られています。皇霊殿には歴代の天皇陛下・皇族の御霊《みたま》が祀られており、崩御《ほうぎょ》・薨去《こうきょ》の1年後に合祀されています。神殿には国中の神々が祀られています。この宮中三殿に付属して、神嘉殿《しんかでん》、神楽舎《かぐらしゃ》、綾綺殿《りょうきでん》、奏楽舎《そうがくしゃ》、幄舎《あくしゃ》などの建物があります。天皇皇后両陛下、皇太子同妃両殿下をはじめ皇族方も宮中祭祀を大切にされて、伝統を守り祭祀を続けられています。私は初めて皇居に招かれた時に、皇居の雰囲気を神社のように感じたのですが、まさに皇居の中には神社があったのです。

祈年祭《きねんさい》は「としごいのまつり」ともいい、毎年2月に神宮で催されます。天皇陛下が春の耕作始めの時期にあたり、五穀豊穣《ほうじょう》をお祈りされるのに際し、神宮では天照大御神をはじめとする神々にお食事をお供えする大御饌《おおみけ》の儀が行われ、続いて皇居から遣わされた勅《ちょく》使《し》が天皇陛下の幣帛《へいはく》を奉《まつ》る奉幣《ほうへい》の儀が行われます。幣帛とはお供えする物のことです。同日、東京・皇居内の宮中三殿でも祈年祭が行われ、天皇陛下が年穀《ねんこく》豊穣祈願をされます。

新嘗祭《にいなめさい》は皇居で11月に催されます。宮中三殿の近くにある神嘉殿において、天皇陛下が新穀を皇祖はじめ神々にお供えになって神恩《しんおん》を感謝された後、陛下自らもお召し上がりになる祭典です。宮中恒例祭典の中の最も重要なものです。天皇陛下自らが生物学研究所脇にある水田でご栽培になった新穀もお供えになります。新嘗祭が執り行われるのに際し、陛下は神宮に勅使を御差遣《ごさけん》になり幣帛を奉られます。神宮では天照大御神をはじめとする神々に神饌をお供えする大御饌の儀が行われ、続いて勅使が天皇陛下の幣帛を奉る奉幣の儀が行われます。

天皇陛下が皇居内の水田で春に田植えをされ、秋に米を収穫されることが宮中祭儀には欠かせないのです。だから、陛下自らが水田に入られて農作業をされているのです。日本には農作物の豊作を祈り、収穫の際には感謝するという神道の精神があります。ただし現代では、自分で水田に入り、田植えをして、刈り取る農作業をする日本人は昔ほどは多くありません。

天皇陛下は自らが水田で稲をお育てになり、収穫されることが続かなければ、日本の神道の伝統を実践することはできないと思われるのでしょう。日本という国を代表して、穀物の豊作を祈られ、収穫に感謝するお祭りを、東京の宮中と伊勢の神宮で毎年行われてい
ることに感銘を受けました。おそらく、陛下が行われる田植えは、歴代の天皇陛下が続けられてきた伝統で、2600年以上の歴史がある素晴らしい儀式ではないでしょうか。

日本各地でお祭りがたくさんありますが、日本の多くのお祭りは米作りに関連しており、

神道に由来したものだとわかってきました。伊勢神宮のお祭り、宮中のお祭り、国技である相撲、各地で行われる小さなお祭りまで、いずれも五穀豊穣の祈願、神道の精神につながっているのが、「当たり前」な国であることに感動いたしました。

平和を願う神道の精神

駐日ローマ教皇庁ボッターリ大使と私は、伊勢の神宮に参拝して日本の神道の真髄に触れたことで、より日本を深く知ることができたと思います。

敬虔《けいけん》なクリスチャンであるボッターリ大使や私にとって、神道は素晴らしい哲学であり、共感することができました。自然を尊び、農作物の豊作、平和や安泰を願う神道とは、日本独自の「自然哲学」「精神哲学」というべきものです。

世界で宗教原理主義者が戦いを好むのとは反対に、平和を好む神道の精神は、世界中が今、最も興味を持っている哲学です。世界中から注目されているのが「当たり前」になっているのです。聖書や法典があるわけではないので、外国人からしてみると神道はなかなか理解し難いのですが、自然を敬い、平和を願う日本人の自然哲学、精神哲学は注目の的なのです。バチカンの要職にあるボッターリ大使も、神宮の地まで足を運び、神道の素晴らしさを理解されたようでした。

かつての日本は、どこの町にも神社があり、鎮守の森がありました。神道は日本人が古代から培ってきた価値観ともいえます。お天道さまが見ているから悪いことはできないという価値観は、浄明正直《じょうみょうせいちょく》が尊ばれる神道による影響があると考えています。

神道の精神、価値観は、日本人にとっては自然なもので、特別なことではないと思われるでしょう。しかし、外国人の私の目には、神道の素晴らしい自然哲学やその価値観は、世界でも類い稀《まれ》なものと映ります。世界には今、神道こそが必要だと思っています。

ヨーロッパにサンマリノ神社を創建できて光栄です

2014年に創建されたサンマリノ神社は、2018年6月で4周年を迎えます。2017年には「創建3周年記念式典」「ニッポンまつり2017」を無事に開催することができました。伊勢神宮由来の神社としてヨーロッパに初めて創建できたことは誠に光栄です。日本サンマリノ友好協会、伊勢サンマリノ文化交流会、神社本庁の皆さま、そして様々な形でご協力いただいたすべての皆さまに心から感謝しております。

サンマリノ神社「ニッポンまつり」の魅力は、規模も、人のかかわり方も、すべてがとても自然なことです。利権やお金もうけということもまったくなく、派手すぎることもありません。これはまさに、自然を敬う神道、そして神社の哲学であり、おもてなしの心の表れではないかと思います。

日本は紀元前660年から続くといわれる世界最古の君主国、サンマリノ共和国は301年から続く世界最古の共和国という偶然にもご縁を感じています。そして、両国は共に平和を強く掲げている国でもあり、こうして文化交流が行われることは、必然のような気もしています。神社は日本人の心のシンボルです。縄文時代から続く日本のライフスタイルや哲学が詰まっていると思います。そして、平和の象徴でもあります。そんな尊敬すべき日本の文化を、サンマリノからヨーロッパに、そして世界に広めていくことにはとても意味があると私は思っています。

2016年、2017年の「ニッポンまつり」のジャパン・スタンド（Stand giapponesi）では、日本の生活の中にある食文化を紹介しました。今後は茶道、着物などの伝統的な和の文化を毎年少しずつ紹介できたらと考えています。それだけではなく、私が日ごろから素晴らしいと感じている、日本人の責任感の強さや緻密な組織力、マナーなどを、このお祭りで伝えていきたいと思っています。今後はサンマリノ神社の灯籠をさらに増やし、ランタンも並べて、美しい夕景の中で式典を行うのも幻想的で素晴らしいのではないかと考えています。

「ニッポンまつり」がサンマリノの年中行事の1つになりましたが、2019年に5周年を迎える時にはイタリア全土に広がり、ヨーロッパのお祭りカレンダーの6月最終土日に「ニッポンまつり」と書かれるようになるのも決して夢物語ではないと思っています。

美しい、清いことが、「当たり前」な日本

外国人が訪日して驚くのは、日本の市街地、道路にゴミがほとんどないことです。繁華街、住宅街も、公道にゴミがほとんど落ちていないのです。どこに行ってもとても綺麗《きれい》なのです。神社の参道は、まったくゴミがない、最も美しい道です。日本では、大都市から小都市まで、どこを歩いても道にゴミが散乱していないのです。

ミラノ、パリ、ロンドン、ニューヨーク、ベルリンなど、世界の大都市を旅した私が見る限り、ゴミがなくて、とても美しい地区はどの都市にもあります。しかし、ダウンタウンや繁華街では道路に平気でゴミが捨てられている都市もたくさんあります。ゴミ箱が目の前にあっても、道端にゴミを捨てる人が多い国も世界にはあるのです。

そのゴミに対する意識の違いはどこにあるのでしょうか。私は、日本の街の美しさ、清潔さの根底には、神道の精神が息づいているように思います。穢《けが》れを祓《はら》う、神道の精神です。神道では、何ごとも清めてから行うのです。神社に参拝する前の「手水」はその典型です。手水では手を洗い、口をすすぎます。手や口を洗い清めることは禊《みそぎ》を簡略化した儀式です。また、祭りにも必ず身を清めてから参加します。「清める」「禊」という神道の精神は、日本人にとっては「当たり前」のことだと思います。美しく整えていること、清潔であることが、日本では「当たり前」になっているのです。

本田宗一郎さんが創業した本田技研工業の作業着は白色です。作業着はオイルなどですぐに汚れるので白ではなく、黒や紺なら汚れが目立たないのですが、宗一郎さんはあえて白い作業着を採用していました。日本だけではなく世界中の「ＨＯＮＤＡ」の工場では、全員が白い作業着を着て作業しています。宗一郎さんは「お客さまの乗る車が汚れていては申し訳ない。作業着が白いと汚れがすぐわかり綺麗《きれい》にしようと注意する。この白い作業着でお客さまに喜んでいただける綺麗な車をつくるのだ」とおっしゃったそうです。

汚れやすい白い作業着を自動車工場で着て、美しいクルマをつくることが、ホンダでは「当たり前」なのです。ホンダに限らず、日本では整理整頓されて美しい工場がたくさんあります。

日本では、街中、道路にゴミが落ちていないだけでなく、工場の中まで、浄めて、美しく保たれていることが、「当たり前」なのです。

美しいシンガポールと清く美しい東京の違い

私は外交官として、世界各国を訪れることが多いのですが、街中にほとんどゴミが落ちていない国はおそらく、シンガポールと日本ぐらいではないでしょうか？

この両国では、なぜゴミが落ちていないのでしょうか？　シンガポールはゴミを捨てると高額な罰金が科せられるからです。『シンガポール旅行観光.com』によれば、シンガポールへのチューインガムの持ち込みは1万シンガポールドルの罰金です。1シンガポールドルは約80円ですから、チューインガムを持ち込んだだけで約80万円の罰金を支払わなくてはなりません。

ゴミのポイ捨ては初犯で最高1000シンガポールドル（約8万円）の罰金、再犯では最高2000シンガポールドル（約16万円）の罰金に加え、清掃作業をさせられます。喫煙場所以外で喫煙した場合、路上で痰《たん》や唾《つば》を吐いた場合、鳥にエサをあげた場合は最高1000シンガポールドルの罰金です。夜10時30分から朝の7時まで屋外で飲酒したら1000シンガポールドルの罰金が科せられます。まさに罰金大国です。

日本はシンガポールとはまったく違います。ゴミをポイ捨てしたからといって、多額の罰金が科せられることはありません。たとえ罰金を取られることがなくても、日本人がポイ捨てする姿を見かけることは、まずありません。では、何が日本人の心を律しているのでしょうか。「ゴミをポイ捨てしてはいけない」という教育が徹底されているからだとおっしゃる方もいますし、「自分のゴミは自分のもの」という「道徳心」があるからだとおっしゃる方もいますが、日本人にはゴミをポイ捨てしない精神が子どもの頃から自然と養われています。おそらく、神道の精神がこの国を美しく保っているのだと思います。

新幹線が東京駅のターミナルに着いたら約7分ですべての車内の清掃を終え、1列に並んでお辞儀をするプロの掃除チーム。サッカーの「FIFAブラジル・ワールドカップ」の試合後に、観覧席の掃除をしてから帰る日本人サポーター。日本では「そんなことは当たり前」だと思うことかもしれません。しかし、日本人のゴミに対する行為は驚くべきことです。

「当たり前」だと思うほどにまで浸透した教育や責任感、道徳心。その根底に「どこにでも神がいて、清浄であることを尊ぶ」という神道の精神が脈々と流れているのではないでしょうか。

皇居勤労奉仕の素晴らしさ

日本には、ボランティアとして皇居を掃除したい方々が多数いらっしゃいます。宮内庁によれば「美しい皇居を守る力」、それが、皇居勤労奉仕だそうです。第2次世界大戦中の1945年5月に空襲で焼失した宮殿の焼け跡を整理するため、同年12月に宮城県内の有志が勤労奉仕を申し出たことが始まりであり、今日まで奉仕を希望する方々からの申請を宮内庁が受けています。

連続する平日の4日間、皇居と赤坂御用地で除草、清掃、庭園作業などを行います。15人から60人までの団体による参加を募集しており、参加される団体は地域の集まり、職場の仲間、学生有志などのようです。地方から皇居勤労奉仕団として、交通費やホテル代を自己負担する有料ツアーを組んで参加される方もいらっしゃいます。

1　皇居内での徒歩移動や清掃作業が可能であり、ご自分の健康に責任を持てる方。

2　奉仕に参加する期間中の年齢が、満15歳から満75歳までの方。

3　団体は、日頃から親交のある方々や、恒常的に一緒に活動している方々で構成してください。（奉仕期間のみの限定的、一時的に構成された団体は、参加をお断りする場合があります）

4　奉仕を営利、売名、宣伝等不適当な目的に利用していることを確認した場合は、参加をお断りします。

以上のような条件で宮内庁が募集していますが、すぐに満員になってしまうほどの大人気です。地方から旅費を自己負担して参加し、皇居を美しく守りたいというボランティア精神は素晴らしいと思います。皆さんにとっては「当たり前」のことかもしれませんが、世界から見ると卓越したボランティア精神で、とても尊敬いたします。

皇居勤労奉仕だけではなく、日本では小さな町の町内会や自治会などが街の共同清掃や除草、清潔で住みよい街づくりを続けています。皇居から地方都市の公園や街区まで美しいのは、コミュニティーに奉仕するボランティア精神が根付いているからでしょう。

「むなかた応援大使」の使命

2017年5月、福岡県宗像《むなかた》市の「むなかた応援大使」に任命されました。「むなかた応援大使」は「各界で活躍されている方々で宗像市にゆかりのある方や、応援してくださる方にその知名度や経験を生かして、市の都市イメージ向上や市政の推進に協力いただくために任命」されているもので、私を含めて7人が大使に就任していると聞いています。

２０１４年に「宗像国際育成プログラム」で、地元の中学校で全生徒向けの特別講演会「日本文化と国際交流」の講師として招かれて以来、宗像市との交流が始まりました。外交官であり、またフランスに留学していたこともある私は、ユネスコ世界文化遺産に「神宿る島」宗像・沖ノ島と関連遺産群が登録されるためにずっと応援し続けていました。神社本庁国際広報として伊勢神宮までご案内いただいた葦津敬之さんが、宗像大社の宮司を務められていることもあり、宗像にはとてもご縁を感じています。私は沖縄県の「竹富町・西表《いりおもて》応援大使」にも任命されていますが、日本の海や島の素晴らしさを世界に伝えていく使命をいただき、身に余る光栄です。日本のことを少しでも応援できればといつも思っています。

２０１７年7月13日、東京都渋谷区の国連大学ウ・タント国際会議場で宗像・沖ノ島と関連遺産群の世界文化遺産登録を記念したＵＭＩ・ＳＡＣＨＩ推進会議主催のシンポジウムが開催され、私はその冒頭で祝辞を述べさせていただきました。

私はユネスコの世界遺産に正式に認められる前から宗像市の宗像大社に参拝させていただいておりましたので、正式に世界遺産に認められたことは誠に喜ばしいことであり、記念の祝辞を申し述べさせていただきまして、とても感謝しています。

祝辞の後、一般社団法人九州のムラ代表理事＆宗像国際環境会議事務局長・養父《ようふ》信夫さん、元ｅｐａ通信社日本支局長のエバレット・ケネディ・ブラウンさん、宗像大社宮司・葦津敬之さん、九州大学大学院工学研究院環境社会部門准教授・清野《せいの》聡子さん、日本総合研究所調査部主席研究員・藻谷《もたに》浩介さん、地球村研究室代表社員・石田秀輝さん、京都大学名誉教授・田中克《まさる》さん、環境省総合環境政策統括官・中井徳太郎さん、ＮＰＯ法人ガイア・イニシアティブ代表・野中ともよさん、京都造形芸術大学教授・谷崎テトラさんらが登壇されました。多くの登壇者を招いたＵＭＩ・ＳＡＣＨＩ推進会議のテーマは「宗像からの提言　太古の昔から１０００年後の未来へ向けて」でした。

「海の正倉院」と海洋環境を守る

九州の玄界灘の「神宿る島」宗像・沖ノ島と関連遺産群。「神宿る島」とされてきた沖ノ島は、１５００年以上、宗像に暮らし信仰をはぐくんできた人々によって守り伝えられてきた遺産群です。

沖ノ島は、島に宿る神が信仰の対象であり、人の立ち入りを禁じるなどの厳格な禁忌《きんき》が受け継がれています。島内には、4世紀から9世紀にかけての古代祭祀の遺跡がほとんど手つかずの状態で守られています。沖ノ島には原則として上陸できません。また女人禁制です。男性の神職さんが島に常駐していますが、神職さんも全裸になって海中で穢《けが》れを祓《はら》う「禊《みそぎ》」をしなければ上陸できませんし、島から一木一草たりとも持ち出してはならないのです。そのおかげで、4世紀から約500年間におよぶ古代祭祀の跡が1000年間も守られてきたのです。第2次世界大戦後の調査で、島からは銅鏡、鉄剣、勾玉《まがたま》など、古代祭祀の祭具が数多く発掘され、沖ノ島が国の重要な祭祀場だったと考えられています。金製指輪や金銅《こんどう》製の装飾品、ペルシャのカットグラスなど、世界から船で運ばれた宝物はすべて国宝に指定されました。それら奉納品は約8万点に上り、「海の正倉院」とも呼ばれています。

4世紀から9世紀にかけての古代祭祀の遺跡が残る「神宿る島」宗像・沖ノ島に、ペルシャのカットグラスや金製指輪などの宝物が世界中から集まっていること、1500年以上も原則入島が許されていない島を守ることが「当たり前」な日本は、世界でも稀に見る国だとあらためて思います。

落とした財布や現金が戻ってくる国

日本は「ゴミのポイ捨てが少ない」国であるとともに、「落とし物が戻ってくる」希少な国だと思います。「そんなことは、『当たり前』だ」と思われるかもしれませんが、世界から見れば、それは驚嘆すべきことです。

日本で貴重品などの紛失時に、警察署や交番に落とし物が届けられ持ち主の手元に戻る確率は70％を超えるそうです。街角でよく見かける交番がうまく機能していることもありますが、財布を落とした人を見かけたら、即座に拾って落とし主に声をかける人が多いのに驚きます。

「新幹線で財布を落としたが、清掃スタッフが見つけてくれて、駅の忘れ物取扱所に届いていた」「財布をなくしたら、ホテルに宅配便で届けてくれた」「カフェにバッグを忘れたので、数時間後に店に戻ってみるときちんと置かれてあった」など、落とし物に対する日本の良心的な対応は称賛に値します。

英エコノミスト誌の調査部門「ジ・エコノミスト・インテリジェンス・ユニット」がまとめた2017年の「都市安全性指数」ランキングで、東京が前回調査（2015年）に続いて総合1位になりました。

東京の安全性については、世界的にもよく知られています。

「ブルームバーグ」によれば、「警視庁の遺失物センターには毎年数十億円の現金が届く。警視庁によると2016年に都内で落とし物として届けられた現金は比較可能な1985年以降、過去最高の36億7000万円に上り、4分の3に当たる27億円が持ち主に返還された」「日本人の現金へのこだわりと落とし物を届けるという美徳が反映された結果だ」とのことです。確かにこれは驚くべき数字です。海外のメディアが驚くのも当然です。

法的にも遺失物法では、「物件（誤って占有した他人の物を除く）の返還を受ける遺失者は、当該物件の価格の100分の5以上100分の20以下に相当する額の報労金を拾得者に支払わなければならない」と定められていますから、落とし主が見つかった場合は謝礼金がもらえます。落とし主が見つからなかった場合は届け出た人のものになります。確かに、落とし物を交番や警察署に届けて損になることはありません。

しかし、交番や警察署に届けるという行為が、損得勘定だけで行われていないのが日本です。

日本では、「落とし物は持ち主のもの、それを交番に届けることは『当たり前』のこと」という価値観が浸透しています。「人が見ていないので、懐に入れてしまおう」という考え方が、神道の精神や日本には馴染《なじ》まないのです。

椅子にかばんを置いていても盗まれない

「店舗で椅子にかばんを置いても、盗まれない」ことも、世界からは驚きをもって受け止められることです。

日本ではカフェやレストランに入った時に、座る席を確保するために、かばんなどの荷物を席に置いてから注文の列に並ぶ人がいます。席取りのためにかばんを置くだけではなく、テーブルにパソコンやスマートフォンを置いたままトイレに行ったりする光景をよく見ます。日本では物を置いて、目を離しても盗《と》られることはほとんどありません。日本では椅子に物が置かれていれば、「この席は人が確保している」という意味であり、それを盗もうということは考えられないのでしょう。

世界にはかばんを椅子に置いたままで、目を離してもあまり「盗まれない」ことが「当たり前」な国と、目を離した「瞬間に盗まれる」ことが「当たり前」の国があるのです。

日本人旅行者が海外で盗難、置引などの被害に遭うことが多いのは、日本国内の「当たり前」が、世界の「当たり前」と大きく違うからです。ホテルのチェックイン時やレストランやカフェでの着席時、ヨーロッパでは荷物から目を離す人はほとんどいません。常に盗難の危険に対して気をつけています。

残念ながら、世界の観光地の中には心ない犯罪者が、旅行者を狙っている場所も多いのです。しかし、サンマリノ共和国は、日本と同じような安全性があります。先日も、サンマリノに来ていただいたある日本人女性が、レストランにかばんを忘れたのですが、そのかばんは盗まれずに保管されていて本人に戻りました。イタリア半島の中でもサンマリノ共和国は、日本とよく似た安全な国だと思います。

世界を旅行される際には、安全に関する日本の「当たり前」と世界の「当たり前」に大きな差があることを認識された上で、楽しい旅をされることを祈念しています。

銃規制と平和な国

アメリカの多くの家では、見知らぬ者の来訪にはとても気をつけています。銃を携えた強盗や犯罪者の脅威から、自分たち家族を守らなくてはならないからです。家庭には護身用の拳銃やライフルなどが備えられています。

BBC（英国放送協会）によれば、2016年のアメリカでは1万1000人以上が銃によって死亡したそうです。これは、殺人と過失致死の合計件数の約3分の2に相当します。殺人事件に占める発砲案件の割合で言えば、2016年のアメリカが64％だったのに対し、2015〜2016年のイングランドとウェールズは4・5％、2015年のカナダは30・5％、2013〜2014年のオーストラリアは13％だったとのことです。

歴史的に見れば、戦国時代の日本は世界で最も銃を保有する国でした。アメリカの西部開拓時代のように、銃と刀が「法律」であった時代もあります。しかし、現代の日本は、銃により命を奪われる危険性が少ない国の1つだと思います。サンマリノ共和国も銃の所持を厳しくしています。ハンティングに必要な火器の所有は審査によって正当に認められますが、大量殺傷性の高い突撃銃の所有に関しては簡単に認められないのです。

海や山の幸を無駄にしない

ノーベル平和賞を受賞したケニア出身の環境保護活動家ワンガリ・マータイさんが訪日時に感銘を受けたのは、「もったいない」という言葉でした。Reduce（削減）、Reuse（再利用）、Recycle（再資源化）だけでなく、地球に対するRespect（尊敬の念）が込められている言葉が「もったいない」と定義するマータイさんは、「ＭＯＴＴＡＩＮＡＩ」という言葉を世界に広めることを提唱しました。小泉純一郎元首相もマータイさんの活動を受けて、２００５年の愛知万博（国際博覧会）の開会式で「ＭＯＴＴＡＩＮＡＩ」について語り、万博を通じて世界に広めたいと語りました。「ＭＯＴＴＡＩＮＡＩ」は日本から発信する新しい環境保護の合言葉となったのです。

「もったいない」は、食べ物を粗末にせず、無駄にしない日本人の美徳や価値観を表す言葉です。海や山の幸を無駄にすることなく、食物となる動植物の命を感謝していただきますという日本の考え方が、「もったいない」という言葉になったと思います。ご飯を食べる時に、米粒を無駄にしてはいけない、農家の人に感謝して食べなさいと言われて育った方も多いと聞きます。食べ物だけではありません。日本では家財から日用品まで、いろいろな物を「もったいない」と思い、大切に使用していました。大量生産で物の価値が下がってきていますが、日本では物に対する尊敬の気持ちが人々の心に根付いています。「もったいない」という言葉は、日本が世界に誇るべき言葉であり、世界のエコロジーをリードする考え方だと思います。日本では「当たり前」の「もったいない」という言葉を、ケニア出身の環境保護活動家が感銘を受けて、世界に発信していることも素晴らしいことだと思います。

世界から尊敬される武士道精神

教育者であり『武士道』の著者として国際的に知られる思想家の新渡戸《にとべ》稲造《いなぞう》さんは日本に根付く武士道を世界に知らしめた人物です。新渡戸さんは、ベルギーの経済学者エミール・ド・ラブレーさんから、日本の学校では宗教教育をしないのに、どのように道徳教育をするのですかと尋ねられたことをきっかけに、武士道の研究を始めたそうです。正義の観念は武士道に基づいていると考え、武士道を研究して著書にまとめられたそうです。新渡戸さんが書かれた武士道精神は、現代の日本人も持っていると感じます。ヨーロッパの騎士に通じる武士の精神があるからこそ、日本は世界から尊敬されるのです。新渡戸さんが『武士道』を英文で発表したのは1899年、日本語訳されたのが1908年ですが、21世紀の日本人にも武士道の精神は継承されているように思います。

騎士だからこそ、武士の気持ちがわかります

ヨーロッパで騎士は、日本の武士のように尊敬されていました。正義のために闘うのと同時に、正しい品行の手本を示すことによって、高い道徳基準を維持することが騎士には求められていました。貧しい人や病んでいる人、または領主によって不当に扱われ苦しんでいる人々を助けることなどが騎士の役目でした。

私も聖マウリツィオ・ラザロ騎士団の騎士の1人です。1000年頃に創立された聖ラザロ騎士団と1434年創立の聖マウリツィオ騎士団が1572年に合併してできたのが聖マウリツィオ・ラザロ騎士団です。騎士には、誠実、忠誠、理解、寛大さが求められて

いました。そして、不正な場面に遭遇した際には、それに打ち勝つために闘うことが求められました。こうした騎士の精神は、武士の精神にも繋《つな》がっていると思います。

1954年公開の日本映画『七人の侍』は、世界でも有名です。監督は黒澤明さん、主演は三船敏郎さんと志村喬さん。サムライ・スピリットを映画にされた黒澤監督のこの映画の影響を受けて、ジョージ・ルーカス監督が『スター・ウォーズ』を撮ったと聞きます。作中では銃による闘いではなく、ジェダイの騎士はライトセーバー（光の刀）で闘います。ジェダイの騎士に求められているのはサムライ精神です。ルーカスさんはおそらく、武士道を尊敬して映画を撮られたのではないかと思っています。

私は聖マウリツィオ・ラザロ騎士であるので、西洋の騎士の気持ちも、日本の武士の気持ちもよくわかります。ですので、私は日本の武士道のメンバーにもなりました。ヨーロッパの騎士道に通じる日本の武士道があることも、日本は世界から尊敬される理由の1つだと思います。

第2章

それでもMade in Japanは尊敬される

以前のようにMade in Japan（日本製品）について報じられることは少なくなっていますが、依然として日本製品は優れたものが多いと思います。日本には物作りの伝統が古代からあります。世界に輸出される製品も良いのですが、国内にある普通のモノ、日本人としては「当たり前」のような製品が世界から見ると優れたものであることもよくあります。たくさんの日本製品がありますが、もっとその良さを伝えたい製品を数例挙げたいと思います。

Ｇｏｏｇｌｅも日本の「当たり前」をオフィスへ

Ｇｏｏｇｌｅ（グーグル）の共同創設者ラリー・ペイジさんは２００９年の『＠ＩＴ』のインタビューで、「日本にはエンジニアリングとイノベーションの文化があるのです。何かを違った風にやろうという文化があって、これは非常に価値があることです。われわれはエンジニアリングの拠点を日本に置いて、ワールドワイドで使える開発を行ったことで、それを知りました。強い経済力とエンジニアリングの力、世界に少ない力を両方持つ国として、日本の将来はとても期待しています」「日本に来るたびに本当に驚かされます。われわれは日本の『ウォシュレット』を持ち帰ったんですよ。今や世界中のグーグルの、かなりのオフィスに設置されています。ＴＯＴＯは素晴らしいと思います」と語っています。おそらく２０１８年の現在は、グーグルのすべてのオフィスに設置されていることでしょう。

内閣府の消費動向調査によれば、一般世帯での温水洗浄便座の普及率（２０１７年度の２人以上の世帯）は、なんと80・２％です。一般世帯のみならずオフィスや商業施設、ホテル、駅などのパブリックな施設にも採用され、温水洗浄便座は日本では「当たり前」の設備となっています。日本で「当たり前」の温水洗浄便座ですが、世界ではまだ「当たり前」ではありません。

温水洗浄便座は日本発の製品だと思っていましたが、もともとは医療用にアメリカで開発されたものでした。日本では、１９６０年代にアメリカンビデ社から『ウォッシュエアシート』を東洋陶器（現ＴＯＴＯ）が輸入・販売しました。その後、伊奈製陶（後のＩＮＡＸ、現在のＬＩＸＩＬ）が国産の温水洗浄便座を開発・販売し、ＴＯＴＯもアメリカンビデ社から特許を取得して『ウォッシュエアシート』を国内で製造・販売を始めましたが、１９６０年代70年代はまだまだ医療用、福祉施設向けの特殊な製品でした。しかし、１９８０年にＴＯＴＯが一般向けに『ウォシュレット』を商品化して発売したことで、日本のトイレが大きく変わったのです。温水の温度や、噴射の角度、ノズルの調整など大変だったと思うのですが、医療用、福祉施設向けの特殊な製品から、一般向けの商品に変えたイノベーションが素晴らしいのです。

日本では使い方を日本語だけで書かれている温水洗浄便座もまだあります。最近は英語も併記される商品が多くなり、外国人にとってもより使いやすくなりました。ＴＯＴＯやＬＩＸＩＬの温水洗浄便座が世界のトイレを変えていくと思います。そして、日本の温水洗浄便座が世界の「当たり前」になっていくのは間違いありません。２０２０年の東京オリンピック・パラリンピックで日本の温水洗浄便座を体感した人たちが、その良さを世界に広げてくれることでしょう。

日本茶ペットボトルに英語表示を加えてみたら

日本茶のペットボトルは、シリコンバレーのグローバルなＩＴ企業でもよく飲まれるようになってきましたが、これからもっと世界の人が飲む商品になると思っています。日本のペットボトルの緑茶は、世界に誇るべき飲料です。まろやかで繊細で、爽やかでノンカロリー、健康的で、しかも美味《おい》しいからです。

私は日本茶のペットボトルをずっと愛飲しているのですが、以前から不思議に思っていたことがありました。飲料会社の社名は英語やローマ字で大きく表記されているのですが、商品名については日本語でしか書かれていないのです。確かに社名はしっかりとわかりますが、外国人にとっては、何が入っているのかさっぱりわかりません。ペットボトルのお茶には英語表記がないことが、「当たり前」になっていました。

私は飲料会社に手紙を書き、社名よりも商品名に英語表記を加えていただけませんか？と尋ねてみました。すると、伊藤園さんが大使館までいらっしゃいました。私は、お茶のペットボトルに英語表記が加わるだけで、外国人が商品を知ることになり、売上のアップに繋がることをお伝えしました。また、日英バイリンガル表記があれば、日本の子どもたちもペットボトルを見ながら自然と英語を覚えることができるメリットをお伝えし、お茶のペットボトルに英語表記を入れることを提案したのです。

伊藤園さんは提案を受け入れてくださいました。国内のお茶のペットボトルのラベルデザインに英語表記を入れてくださったのです。『お～いお茶』には「Japanese Green Tea」、『お～いお茶　濃い茶』には「Strong Green Tea」、『お～いお茶　玄米茶』には「Roasted Rice Tea」と英語表記が加わったのです。これから、他社のペットボトルにも中身の内容に関する英語表記が「当たり前」になれば、商機も増えていいことだと思います。

美しく高いミネラルウォーターと間違えて

私の友人は、美しい瓶に入った高級ミネラルウォーターを買ってきました。ラベルには日本語しか書かれていないので中身はわからないのですが、良さそうに見えたので購入したそうです。しかし、それは水ではなく、透明色の日本酒だったのです。冗談のような話ですが、カップ酒を高級ミネラルウォーターと間違えて購入したのです。

未成年者が飲酒しないように、ガラス製の瓶には「お酒」という日本語は入っていますが、外国人の友人にはお酒という文字が理解できないために起きたハプニングでした。ウイスキー、ビール、ワインの表示はおおむねいいのですが、日本酒のラベル、もしくは裏のラベルには英語表記がなく、瓶の中に何が入っているのかわからないと思っている外国人がたくさんいます。日本酒は、皆さんが思われている以上に世界で評価を上げていて、多くの外国人が注目しています。もし、日本酒に英語表記が加われば、今以上に人気を博すことは間違いありません。日本酒の「たる」にも小さく英語表記を入れていただければ、お土産として購入する外国人も増えて、酒造メーカーの売上ももっと伸びると思います。

日本の市販薬、漢方薬の良さを知らせたい！

日本のOTC医薬品も世界に誇るべき物の1つだと思います。私も日本のOTC医薬品を常用しています。OTCとは薬局やドラッグストアなどでOver The Counter（カウンター越し）に購入する薬です。

日本の薬局やドラッグストアに行ってびっくりするのは、薬の種類の豊富さです。風邪薬を選ぶにも時間がかかってしまうほどです。私は薬に関しても、日本茶のペットボトル同様に英語表記がないことに疑問を持っていました。風邪薬をさがしましたが、パッケージの表面に英語で書かれている薬はほとんどありません。それが日本のOTC医薬品の「当たり前」です。私が薬局やドラッグストアを回って調査した限りでは、外箱の表面に英語を併記している日本の製薬会社は佐藤製薬だけでした。例えば、『ストナデイタイム』という風邪薬は、「STONA DAYTIME」という商品名に加えて、「Cold remedy」（風邪薬）という英語表記があるのです。この薬は、「Cold remedy」（風邪薬）と表面に明記されているだけで、外国人にも中身がわかり、購入が促進されると思います。日本の薬は安全で品質も良いだけに、商機を逃しているようでもったいないです。

日本の漢方薬もとても良質です。私は中国大陸の漢方薬よりも日本製の漢方薬のほうを好んでいます。最近は中国人観光客までもが、日本製の漢方薬を購入されているようですから、本場の人にとっても良い物なのでしょう。漢方というか、和製漢方といったらいいのでしょうか。

私は、日本の大手漢方製薬会社へも、「何の生薬が入っているのかわからないので英語表記を入れてはどうでしょうか?」と手紙を出しました。しかし、漢方製薬会社からは「外国人の方には効かないかもしれないので、外箱に英語表記はしていません」とのお返事をいただきました。私自身が常用して漢方薬の効用を知っているので、知人の外国人には勧めています。日本人だけではなく、サンマリノ人、イタリア人が服用して効果がある漢方薬が、外国人には効果がないとは思えません。日本の漢方薬は世界的に売れるのが「当たり前」だと思いますが、世界で知られていないことが少し残念です。

ミラノで日本のガソリン・エンジンが受賞しました

イギリスとフランスは2040年までに、ガソリン車とディーゼル車の販売を禁止する方針を打ち出しています。代わって主力に躍り出るのがEV（Electric Vehicle）＝電気自動車でしょう。確かに流れとしてはガソリン車とディーゼル車よりEVのほうが二酸化炭素（CO2）の排出量が低く、環境にやさしいということは言えると思いますが、ガソリン・エンジンの技術にも、世界の環境に貢献できることは山ほどあると思います。内燃機関の技術開発にも改善の余地があるのです。

2018年2月、マツダの次世代ガソリン・エンジン『SKYACTIV - X（スカイアクティブ・エックス）』が、イタリアのミラノで、将来性が期待される自動車技術に贈られる「Q Global Tech Award」を受賞したのはその証左です。「Q Global Tech Award」は、1956年創刊のイタリアの自動車専門誌『Quattroruote（クアトロルオーテ）』が主催する欧州自動車業界の重要イベントの1つ「Quattroruote Day」において、『Quattroruote』誌、世界15か国の自動車専門誌の委員によって選出される賞で、『SKYACTIV‐X』が２０１８年、技術史に最も名前を残すような革新的な技術として評価されたのです。

『SKYACTIV‐X』は、ガソリン・エンジンならではの伸びの良さに、ディーゼル・エンジンの優れた燃費・トルク・レスポンスといった特長を融合した革新の内燃機関です。マツダ独自の燃焼方式「ＳＰＣＣＩ（Spark Controlled Compression Ignition：火花点火制御圧縮着火）」により、ガソリン・エンジンにおいて圧縮着火を制御する技術の実用化に世界で初めてめどを付けたことには非常に驚きました。シャープなレスポンスやトルクフルで爽快な加速感と、低燃費・環境性能を高次元で両立し、エンジン単体の燃費率は現行の『SKYACTIV‐G』と比べて最大で20～30％程度改善を目指しているそうです。こうした日本の技術が、ヨーロッパで高く評価されたことを知ると嬉《うれ》しくなります。

未来のクルマ社会は日本がリードする？

日本を代表する大企業トヨタは、次世代ＥＶの『e-Palette（イー・パレット）』を元に、異業種との提携を発表しています。物流ではアマゾン、ライドシェア（相乗り）ではUber（ウーバー）と中国大手の滴滴出行《ディディチューシン》（Didi Chuxing）、ケータリングではピザハットなどの企業とも手を携え、新しい自動車ビジネスを模索しています。トヨタは2020年東京オリンピック・パラリンピックで『e-Palette』の運行を予定しており、また北米での実証的サービスも開始するそうです。

ラスベガスで開かれた世界最大の家電見本市の「CES2018」で、トヨタの『e-Palette』のプレゼンテーションは多くの称賛を受けて迎えられました。多くの人が「クルマ技術の進化」というよりむしろ「クルマ社会の進化」を感じたと思います。EVが普及すれば、自動車自体が店舗にもオフィスにも物流倉庫にもなり得るのです。まさに、近未来の自動車の使い方を提案していました。ヨーロッパでは、トヨタをはじめ日本車の販売シェアはけっして高くはありません。しかし、日本車はとても素晴らしいと思いますし、私は好きです。日本の自動車メーカーが新しい技術やサービスを開発することで、イタリアやドイツ、フランスの自動車メーカーも新しい技術を開発することに力を入れます。お互いが好敵手であることで、世界の自動車技術がさらなる向上を求めて鎬《しのぎ》を削ることはいいことだと思います。日本の自動車なくして、世界の自動車社会は成り立たないのが、「当たり前」です。

世界へ広がる日本の小型水力発電機

オックスフォード大学で博士号を取得した理論物理学者で、茨城製作所社長の菊池伯夫《のりお》さんは、土木工事不要の水力発電機を開発しました。菊池さんが開発した小型水力発電機『Cappa（カッパ）』は、川や水路に沈めるだけで発電できる水力発電機です。

菊池さんが留学していたオックスフォード大学の近くには、F1の開発拠点がたくさんありました。世界最高峰のモータースポーツF1では、エアロダイナミクス（空気力学）の最先端技術が投入されています。菊池さんが応用したのは、エアロダイナミクスに基づく、F1のダウンフォース（空力）の理論です。

発電用の水力をとらえるプロペラにより速い水流を当てるため、F1のディフューザーのデザインを活用してプロペラが入る管の形を工夫しました。それにより、流水での水力発電を可能にした技術でした。従来の水流をそのまま使った場合の3倍超の発電が可能になったのです。

『Cappa』の発電能力はわずか約200ワットです。しかし、LEDなら十分な照明を得られ、スマートフォンなら40台を同時に充電できる電力です。電気の通っていない開発途上国に導入すれば、十分に役に立ちます。菊池さんはネパールに電力を供給することを始めています。2015年から国際協力機構（JICA）の支援を受け、2017年11月から設置を始められたようです。菊池さんのような人物がいるから、Made in Japan は世界から尊敬されるのです。

日本発のカーボンバッテリーが未来を開く？

21世紀は、電池（バッテリー）の技術がとても大切になると思います。現在はリチウムイオン2次電池（LIB）が、世界の「当たり前」になっています。しかし、リチウムイオン2次電池は性能や利便性を優先するため、コバルトやニッケルなどのレアメタル（希少金属）を用いています。そのようなレアメタルの使用は環境負荷が大きく、資源制約も受けやすいため、地球を取り巻く環境問題への解決策にはなり得ません。

九州大学と協業しているPJP Eye社は、「カーボンバッテリー」を開発しています。日本ではあまり知られていませんが、アメリカのテキサス州の企業やイタリア・ヴェローナの電力発電会社などとJV（ジョイント・ベンチャー）を次々と立ち上げている新しい日本の会社です。クリーンなエネルギーを開発しており、カーボンバッテリーを『Cambria Eye（カンブリア・アイ）』ブランドで世界に提供しています。『Cambria Eye』は、レアメタルを一切含まないため資源制約を受けにくく、環境負荷の低いカーボン材料を、正極材料、負極材料に採用しています。

PJP Eye社が九州大学と共同して開発したカーボンバッテリー（正極と負極の両方がカーボン素材でできている場合、デュアル・カーボンバッテリーと呼びます）は、高速での放電・充電が可能であり、発火の原因の要素である酸素を含む活物質（レアメタル）を一切使用していないので、安全性にも優れています。

昨今、問題となっている携帯端末の発火事故などを未然に防ぐこともできます。また、通常のリチウムイオン電池並みのエネルギー密度を維持できる蓄電方式を採用しています。通信会社のデータセンター、ビルディングのエネルギーシステムやEV車輌への活用のほか、医療機器や人工衛星などにもカーボン電池は期待されているそうです。

世界初の自立するバイクに驚きました

「世界初」では、日本のモーターバイクも負けていません。自立するバイクのシステム『ホンダ・ライディング・アシスト』は、世界からとても注目されています。イタリアやスペインの人々は特にモーターバイクの新しい商品に注目しています。

本田技研工業の『ホンダ・ライディング・アシスト』という自立バイク技術には、2足歩行ロボット『ASIMO（アシモ）』のバランス制御システムが生かされているそうです。バイクは時速数キロという低速走行時もバランスを保ちながら自立できることに、世界は驚愕《きょうがく》しました。ライダーが乗っていても、乗っていなくても自立することができるからです。ライダーが少しバランスを崩しても、バイク自体がバランスを保つこともできるのです。低速走行時や停止時のふらつき、取り回しの際の転倒リスクを軽減できるという新しい技術には、世界が注目しています。

日本のモノ作りは縄文時代から続く伝統です

「Made in Japan」のモノ作りは、世界から尊敬されています。私は、日本のモノ作りは約1万6000年前の縄文時代につながっていると考えています。縄文時代については、最近の発掘でその文明の高さが明らかになってきています。また、日本以上に、海外から縄文文化が注目されています。

世界史では中国の黄河文明がとても有名で、長い歴史についてよく言われますが、日本にも約1万6000年前から縄文の歴史があるのです。中国から漢字が伝来する以前に、日本には縄文文字（48音）が存在していたとも言われます。かつては研究が不十分であったのですが、最近になって縄文人の文字について少しずつ明らかになってきています。

縄文時代に作られた火焰型《かえんがた》土器を初めて見た時に、このような素晴らしい焼き物を古代の人々が焼き上げたとは思えませんでした。燃え上がる炎をかたどったかのような形状の土器は芸術性にあふれ、現代のアートとしても価値があるように思います。

ちなみに縄文時代の人骨を見させていただく機会がありましたが、歯並びは完璧で、虫歯1つありませんでした。約1万6000年前に独自の文字を持ち、芸術性も高く、健康的な生活を送っていたであろう縄文時代のDNAが現代日本の物作りの原点だと私は思っています。

第3章

世界を魅了する和食

旬の素材を生かす和食は世界に誇る食文化

公務や講演、旅行などで日本各地を訪れるたび、「日本はなんて豊かな食と食文化にはぐくまれた国なのだろう」とあらためて感嘆します。

国土が南北に長い日本は、自然に恵まれ、四季折々の海の幸、山の幸は本当にどれも美《お》味《い》しい。その土地に伝わる郷土料理も実に多彩です。各地域の気候や水がはぐくむ野菜や果物、穀物にはそれぞれ個性があり、旬の素材を生かした調理方法や料理は世界に誇る偉大な食文化です。

皆さんにとって和食（日本食）は「当たり前」の食材や料理と思われるかもしれませんが、和食は世界中の洗練された料理の中で自然に最も近く、世界から称賛されています。私も和食に魅せられた1人です。古来の伝統に裏打ちされた調理の仕方はもとより、四季の移ろいを感じさせる料理や盛り付け方、調理道具、器、装飾の草花など、和食は総合芸術といってよいと私は常々思っています。和食文化の根底には自然への感謝の気持ちがあり、食からも自然を神とする神道の精神と日本人の謙虚さを感じることができます。

ミラノ万博が日本食人気の起爆剤になりました

世界各地では今、和食ブームが巻き起こっていますが、ヨーロッパでの人気の爆発は、イタリア・ミラノで「食」をテーマに2015年に開催されたミラノ万博（国際博覧会）が大きな起爆剤になったと思います。

開催地である地元・イタリア館とともに、ダントツで人気があったのが日本館でした。日本の食の産地や食文化の多様性などを紹介する内容は来場者たちに大好評で、日本館には連日、長蛇の行列が絶えませんでした。人気はパビリオンだけではなく、日本館に併設されたフードコートも連日、大勢の来場者が訪れて大賑わいだったそうです。

ミラノ万博は1つの象徴ですが、日本食に対する世界からの関心は、皆さんが想像する以上に高まりを見せています。海外の「日本食」ファンは、本場・日本で「日本食」を食べることに憧れを抱いています。観光庁が公表している近年の「訪日外国人消費動向調査」の結果によると、欧米を中心とする外国人観光客の多くが訪日前に期待していたこととして、「『日本食』を食べること」を挙げています。私は海外から訪れる方々とお会いする機会も多いので、少し説明させていただきたいのですが、外国人観光客の多くは、実は居酒屋や定食屋といった庶民的なお店の食事も味わってみたいと思っています。外国人観光客が食べたいと思う和食というと、「寿司」「天ぷら」を発想するのが「当たり前」かもしれませんが、海外の人々は皆さんが普段食べている日本食に大きな興味を持っているのです。日本人の方々はとても慎み深いので、「せっかく海外からいらっしゃったのに、こんなものをお出しするなんて申し訳なくて……」とよく言われますが、「こんなもの」とおっしゃる日常的なものこそ、外国人が「自分も食べてみたい」と熱望する日本の食事といってよいかもしれません。彼らは、日本人と同じ食事と食文化を体験したいのです。

世界に広がる日本の「UMAMI」

2013年、「和食：日本人の伝統的な食文化」がユネスコ無形文化遺産に登録され、素材の持つうまみを生かす「日本食」や食生活の良さが世界的にクローズアップされました。うまみは今や、「UMAMI」という世界の共通語・共通文化として浸透しています。私は日本古来の「UMAMI」、「だし」の原料である鰹節《かつおぶし》が発酵食品だったことを知りませんでした。納豆や麹《こうじ》、醬油、味噌などが発酵食品とは存じていたものの、鰹節が「世界で最も硬い発酵食品」と知って驚きました。

サンマリノワイン輸入会社の知人が鰹節と昆布の「だし」を開発しました。2018年春から新しいブランド『ISEMITATE』UMAMIシリーズとして商品化したのです。『ISEMITATE』とは伊勢神宮に奉納される優れた国産商品のブランドで、鰹節の他には割りばしなども作られています。『ISEMITATE』の『本枯鰹ぶし』は鰹節純国産、農林水産大臣賞を受賞した職人が手作業で、カビ付けや天日干しを7回程度繰り返し、仕上がるまでに数か月かかるそうです。この「だし」は、江戸時代から鰹節問屋として料亭に本格的な「だし」を提供してきた老舗「伊勢音《いせおと》」の目利きの力なしには開発できなかったものです。2018年6月に開催予定のサンマリノ神社「ニッポンまつり」にぜひご出品いただければと思います。

先日、大使館のリッチョーニ参事官が、ホテルオークラの元総料理長・根岸規雄《のりお》・石原洋子さんご夫妻にお会いしました。根岸さんはフランス料理の著名なシェフですが、鰹節から作る日本流の「だし」を研究されているそうです。これから、「UMAMI」に続き、「D

ASHI」も世界の共通語・共通文化として浸透する日は近いと思います。

ファストフードよりも日本の伝統食を大切にしましょう

味や見た目だけでなく、健康にも良いのが日本の食事の素晴らしいところです。しかし、日本人にとって和食は身近な存在であるが故に、「当たり前」すぎるのでしょうか。若い方々を中心に日本では、ハンバーガーなど海外から入ってきたファストフードや高カロリーのジャンクフードをより好む傾向があるように感じることがあります。海外で和食ブームが起きているのに、本場の日本では和食離れが進んでいるとすれば、それはあまりにももったいないことではないでしょうか。もちろん、素材を吟味したヘルシーなハンバーガーや食材のうまみを引き出す手法を取り入れたハンバーガーなども登場しており、一概にハンバーガーがよくないといっているわけではありません。ただ、欧米の料理は基本的に肉料理が多く、ハンバーガーなどに含まれる動物性脂肪ばかりをとっていてはよくないでしょう。ついサイドメニューにフライドポテトなど高カロリーな揚げ物を追加したり、糖分の多い炭酸飲料をお供にしてしまったりする人も多いと思います。その点、魚や野菜などの素材を生かす日本の伝統食は、低カロリーで栄養バランスに優れ、とてもヘルシーです。食事の欧米化が進んでいますが、古くから受け継がれている日本の伝統食の良さをぜひ再認識し、未来へ継承していただきたいと願っています。

DHAやEPAが豊富な刺身が、日本人を健康にしてきました

日本の最もシンプルな料理の1つである「お刺身」に私は注目しています。日本が豊富な海の幸に恵まれているのは、日本列島を囲む海が世界有数の好漁場だからです。国土面積の広さは世界61位であるのに、領海と排他的経済水域面積の広さでは世界6位を誇ります。しかも、寒流と暖流がぶつかり合っている海域があります。サンマやスケトウダラなど冷水性の魚と、カツオ、サバなどの暖水性の魚の両方が生息して回遊しているため、多彩な種類の魚の味を楽しむことができるのです。昔は漁師の「即席料理」だったお刺身。素材を最大限生かす調理方法が健康を支えてきた側面もあると思います。

魚の動物性たんぱく質は良質で、牛肉や豚肉などのたんぱく質より消化されやすく、総じてカロリーが低いとされています。さらに、ビタミンD・E・B12をはじめ、必須ミネ

ラルであるカリウム、カルシウム、マグネシウムなどの栄養素も豊富に含まれています。その上、DHA（ドコサヘキサエン酸）やEPA（エイコサペンタエン酸）といった魚油に特有の機能性成分も含まれています。特にマグロ、ブリ、イワシなどの青魚には多く含まれているそうです。DHAは魚油に多く含まれる多価不飽和脂肪酸で、脳の発達や認知症予防、動脈硬化予防に良いとされ、同種の多価不飽和脂肪酸であるEPAも血栓の予防や高血圧の予防に良いといわれています。DHAやEPAは熱に弱い性質があるため、お刺身のように生で食べるのがより体には良いのです。お刺身は美味《おい》しいだけではなかったのですね。

イタリアのエキストラ・バージン・オリーブオイルと日本の胡麻《ごま》油が最高です

南ヨーロッパ、特に地中海沿岸の食文化・食習慣は「地中海料理」としてユネスコ世界無形文化遺産に登録されています。魚介類もふんだんに使い、健康な食習慣として紹介されるようになってきました。

地中海料理に欠かせないのがオリーブオイルです。オリーブオイルの70%を占めるといわれるオレイン酸は、悪玉コレステロールを減少させるそうです。動脈硬化や心臓病、高血圧、糖尿病などの予防に効果があるとされています。消化を助けるので便秘や肥満の解消にも役立ち、ビタミンEやβカロテンが豊富に含まれているため、細胞の老化防止の効果も期待できます。最高なのが、新鮮な果実を低温圧搾して作られるエキストラ・バージンオイルです。オリーブの果実のフレッシュな風味や奥深い味わいがそのまま生きており、栄養素も残っています。芳香やコクがあり、サラダのドレッシングとしてなど、加熱せず生で使用するのに向いているので、私も毎日、使っています。

日本の伝統食でオリーブオイルと同じような役目を果たしそうなのは胡麻油です。胡麻油の製法はさまざまです。その中では、厳選した白胡麻を、風味を損なわないように低温で煎《い》り、低温圧搾してゆっくりと濾過《ろか》を繰り返した、胡麻の純度の高いものが良いようです。純度の高い胡麻油はミネラルが豊富で、抗酸化物質を多く含んでいるので、健康に良いとされています。調べてみると日本の胡麻油の歴史は古く、胡麻油をつくり始めてから300年近い歴史のある会社（竹本油脂）もありました。また、『ごまの博物館』HPを運営する九鬼産業は、1579年に世界史上初めての鉄張りの巨船7隻で毛利水軍600隻を撃破した九鬼水軍由来の会社です。私は、熱に強い健康オイルとして、日本の伝統的な胡麻油に注目しています。

和食の一汁三菜の知恵とお弁当

家庭料理の基本である「一汁三菜」と呼ばれる献立は素晴らしいですね。一汁三菜という基本の形式も、旬の素材の持ち味を生かし、おもてなしの心で調理する懐石料理、さらにさかのぼれば茶の湯の席から生まれたものだそうです。一汁三菜で、日本人はおかずを盛るお皿・器にも気を配ります。献立に合わせてお皿や器を楽しむのは、もてなす側にも、もてなされる側にも心配りがあることを感じさせてくれます。温かさを感じさせてくれる器、涼しげな雰囲気を醸し出す小鉢、四季の彩りや年中行事をお皿の形やデザインで演出して楽しむことは、とてもすてきな文化だと思います。

また、食事を彩る楽しみの1つにお弁当があります。その弁当箱も日本独自の文化でしょう。お弁当でも日本人は栄養バランスを考え、かつ美しく詰めることが「当たり前」だと思っていますが、それは世界の人にとって実は驚きなのです。そこに芸術性を感じてしまう人もいるくらいです。私は「曲げわっぱ」に彩り豊かに美しく詰められたお弁当と出合った時、感動しました。お弁当文化も世界にファンが増えていくと思います。

高価なフランスワインよりも素晴らしいワインとは？

ヨーロッパ人にとってお酒の代表格はワインです。ワインは古ければ価値があると思われている人も多いのですが、白ワインは3年以内、赤ワインなら5年以内に飲むのが最も美味《おい》しいと私は思っています。

サンマリノ共和国には1979年創業の国営ワイン会社があります。品質が高いワインを世界へ輸出しており、日本の輸入販売会社から購入できます。サンマリノ神社の隣の畑で収穫されたぶどうから「神社ワイン」も作られています。サンマリノの白ワインの味は、日本の白ワインに似ていると思います。私は美味しい「サンマリノワイン」や「甲州ワイン」「秩父ワイン」とともに、食事を堪能しています。

「フランスの高級ワイン」が良いとおっしゃる人も多いのですが、日本にも素晴らしいワインがたくさんあります。国際ワインコンクールでも、大きな注目を集め、世界的な数々の賞を受けています。例えば、サッポロビールの『グランポレール』。北海道、甲州（山梨）、安曇野（長野）などの産地の個性を生かしたワインです。『グランポレール北海道バッカス辛口２０１６』は、２０１７年にロンドンで開催された「インターナショナル・ワイン・アンド・スピリッツ・コンペティション２０１７」で金賞を受賞しました。長い歴史のあるメルシャンの『シャトー・メルシャン』も２０１７年にフランス・ローヌなどで開かれた８つの国際ワインコンクールで金賞、銀賞などを受賞しています。

ハーフグラスワインと「もっきり」酒

私はレストランでワインをグラスで頼むこともあります。お店によってグラスワインに注がれたワインの量には差が出てきますので、時々残念な思いをすることがあります。日本でグラスワインを注文すると、ハーフグラスワインにしか見えない少量しか注いでくれない店もあるのです。もしグラスワインとメニューに載せるのでしたら、グラスにたっぷりとワインを注いだほうがいいと思ってしまうのは私だけでしょうか？

そんなハーフグラスワインを出すレストランがある一方、日本には、日本酒をあふれるほど注ぐ「もっきり」酒スタイルの店が多くあります。枡《ます》の中に小さなグラスを置き、そのグラスになみなみと日本酒を注ぎます。グラスから少しあふれるくらいに注ぐのが、お店の心遣いだそうです。私は、なみなみと注がれたグラスと枡を前に、最初はどうやって飲んだらいいのか戸惑いましたが、知人のアドバイスで、最初はグラスいっぱいの日本酒を少しだけ枡にこぼしてから、グラスの酒を飲み、飲みきったらグラスを外し、枡の中のお酒をグラスに注いで飲みました。こんな粋な飲み方は格好いいですね。

日本各地の酒蔵でつくられる日本酒

和食を彩る飲み物は、何と言っても日本酒です。私も日本酒が大好きです。日本酒のルーツをたどると、古くから神道の御神酒《おみき》として、また祝い事に欠かせない神聖な飲み物でした。そして、健康にも良いとされてきました。たくさんの酵素が含まれ、美肌・保湿効果もあるという、ありがたい飲み物です。現代の日本酒は、吟醸《ぎんじょう》酒、生酒、純米酒など、また辛口、甘口など、いくつかの種類に分かれており、日本を訪れる外国人にとっても、酒蔵巡りや、その酒蔵での試し飲み、利き酒はブームとなっています。

２０１６年の伊勢志摩サミットで、首脳たちの会食に『半蔵　純米大吟醸』（大田酒造）、『瀧

自慢　辛口純米　滝水流《はやせ》』（瀧自慢酒造）、『作《ざく》　智《さとり》　純米大吟醸　滴取り《しずくと》』（清水清三郎商店）、『酒屋八兵衛　山廃純米酒　伊勢錦』（元坂《げんさか》酒造）などが採用され、大きな話題になりました。いずれもサミット開催地・三重県の地酒です。伊勢志摩サミット後、これらの酒蔵には注文が殺到し、一時入手が困難になるほどの反響だったそうです。皆さんがお住まいの都道府県にも、美味しい日本酒を生み出す複数の酒蔵があると思います。日本の皆さんはあまり意識したことがないかもしれませんが、酒蔵がこんなに多くある日本は、日本酒好きな世界の人々にとっては夢のような国です。

日本酒の酒蔵が全国各地にあれば、その酒粕や米麹から造られる甘酒も、全国各地で造られています。近年、甘酒は健康に良いとブームになっているようです。

私にとって甘酒は、新しい年を迎えた際にいただく飲み物でもあります。私は毎年、お正月は神社へ初詣《はつもうで》に出掛けます。２０１８年の年明けも明治神宮や神田明神、駐日サンマリノ大使館から近い神道大教院などへ初詣に行きました。初詣客のために甘酒が振る舞われている神社もあり、私はいつも〝初甘酒〟をいただいています。

甘酒の主な栄養素は、ビタミンB群、アミノ酸、ブドウ糖、オリゴ糖などです。研究の結果、米麹を使った甘酒では、350もの栄養素が含まれていることがわかったものもあるそうですね。夏バテ予防にも効果的とされてきた甘酒は「飲む点滴」とも呼ばれています。これも世界ではあまり知られていない甘酒の素晴らしい効用ですね。

世界が認めた日本のウイスキー

日本ウイスキーブームが世界で巻き起こっています。2001年、イギリスの『ウイスキーマガジン』が主催したコンテスト「ベスト・オブ・ザ・ベスト」で、ニッカウヰスキーの『シングルカスク余市10年』が総合1位に、サントリーの『響21年』が2位に輝きました。日本勢が世界に認められるという画期的な受賞でした。

その後も、日本の代表的なウイスキーメーカーであるサントリーとニッカは世界的に権威ある酒類コンペティションで受賞を重ね、ジャパニーズ・ウイスキーはスコッチと肩を並べ、世界のウイスキーの中で不動の地位を築き上げてきました。2017年には、イギリスの世界的な酒類コンペティション「ISC（インターナショナル・スピリッツ・チャレンジ）」で『響21年』が5年連続5度目となるワールドウイスキー部門最高賞「トロフィー」に輝いたのに加え、全部門1480品の頂点に立つ最高賞「シュプリーム チャンピオン スピリット」を受賞しました。

1934年、北海道の小樽に近い余市でニッカウヰスキーの前身・大日本果汁株式会社は産声を上げました。創業者は、竹鶴政孝氏。数年前にNHK朝の連続テレビ小説『マッサン』でその人生がドラマ化されるや、一躍有名になりましたね。彼は本場スコットランドと同じ微粉炭直火蒸溜という蒸溜法を採用し、最高品質のモルトウイスキーを生み出しました。スコットランドでも珍しくなった石炭の火力による熱を使った蒸溜法を今も守り抜いているそうです。「自然と風土がウイスキーの個性をつくる」。その信念が余市蒸溜所には息づいていると聞きます。ニッカのホームページをご覧になるとおわかりになると思いますが、余市蒸溜所のポットスチルには、紙垂《しで》が付いた注連縄《しめ》がかけられています。竹鶴氏の実家が造り酒屋だったため、その伝統的な風習を取り入れたとされています。

自然、神様、美味《おい》しい食と酒――。日本においては、これらは切っても切り離せない関係にあると私は常々感じています。

第4章 世界が憧れる日本の旅

温泉と日本人と神道

私は初来日した時、日本の温泉やお風呂の「当たり前」に驚きました。言い方は良くないかもしれませんが、ヨーロッパでは、昔から貧しい人が不潔であることは「当たり前」のことでした。しかし、日本はヨーロッパと「当たり前」がまったく違います。昔から日本では裕福な人も貧しい人も毎日入浴して体を清潔にするのが「当たり前」なことでした。また男女混浴を知り、本当にびっくりしました。

外交官の先輩であるタウンゼント・ハリス初代駐日アメリカ総領事も、私と同じように感じたようです。幕末の1856年、ハリス総領事は下田（静岡県）に上陸しました。彼は下田の住民を観察して「喜望峰以東の最も優れた人民」と称賛し、「世界のあらゆる国で貧乏につきものになっている不潔なところが、少しも見られない」と滞在記に記しています。下田では、内風呂を持たない貧しい人でも、銭湯に通い、また天然温泉にも入浴していたのです。

私は最近、幕末の日本人の多くが、毎日お風呂や温泉で体を清めていた理由がわかってきました。日本の温泉や銭湯などの文化には、神道の影響があるのだとわかったのです。日本では神社に参拝する際、水で手を洗い、穢《けが》れを祓《はら》います。日本人は、禊《みそぎ》（海や川の水で体を清め、罪や穢れを洗い流すこと）を普段は意識していませんが、心の中で大切にしているのです。

「禊」は、日本の神話時代から出てきます。『日本書紀』によれば、黄泉《よみ》の国から帰ってきたイザナギノミコトが、筑紫日向《ちくしひむか》の小戸《おど》の橘の檍原《たちばなあわきはら》の流れで禊をしたことに始まるとされます。穢れを祓うために、イザナギノミコトが全身を水に沈めた時から、日本では水で体を清める文化があるのではないでしょうか。だから、貧富にかかわらずお風呂に毎日入るのが「当たり前」になったのだと考えています。温泉に入る前に、体を洗ってから入る、タオルは湯船に浸《つ》からせないなどの入浴のマナーも、神道の考え方なのだと思えば、納得できます。

キリスト教の入信の際にも、洗礼があります。カトリック教会、正教会、聖公会、そして大半のプロテスタント教会では、浸水（体を水に浸す）、または頭部に灌水《かんすい》（水を注ぐ）、滴礼（頭部に水滴を垂らす）など、水で清める通過儀礼があります。だから、こうした神道のしきたりにも親しみを覚えるのかもしれません。

サンマリノにもローマ時代からの温泉があります

イタリアには13の火山があり、北から南まで数多くの温泉が湧いています。温泉についてはローマ時代からの歴史があります。ヤマザキマリさんの漫画『テルマエ・ロマエ』(エンターブレイン刊)でも紹介されて日本でもよく知られていますが、イタリアの温泉の歴史は古く、ローマ時代(約2000年前)には国内にさまざまな温泉地、公衆浴場が整備されていました。

その伝統は現代に受け継がれ、マッサージ、温泉プール、サウナなど、心身ともにリラックスし、健康を保つスポットとして愛されています。また、長期滞在用のラグジュアリーなホテルもあるため、併設レストランで美味しい食事やワインも同時に楽しむことができます。水着を着用しなくてはなりませんが、露天風呂のような屋外温泉プールは心地よく、疲れも癒やされます。ベネチア近郊のアバーノ・テルメ、モンテグロット・テルメ、フィレンツェ近郊のモンテカティーニ・テルメ、グロッタ・ジュスティ・テルメ、シエナ近郊のテルメ・ディ・サトゥルニアなどが有名です。

サンマリノ共和国にも、有名な温泉があります。ローマ時代から続く温泉、モンテグリマーノ・テルメです。この温泉はサンマリノ共和国の入り口に位置し、コンカ渓谷の美しい緑の森の中にあります。この温泉の付近からはローマ時代の建造物が発掘されています。ローマ時代から有名であったこの温泉の源泉はとても素晴らしく、ミネラルウォーターも高い評価を得ています。１９００年以降、ここでは温泉療法が始まり、現在も健康、美しさと活力を得るために、ナチュラルな温泉治療施設として利用されています。

こうした温泉施設だけではなく、ローマ時代の貴族や裕福な市民は自宅に２つか３つの温泉の内風呂を持っていました。大きなお風呂は一家の主人とその家族用、小さなお風呂は召し使いや奴隷のためのものでした。というのも、ローマ人はとても清潔好きな人たちだったからです。ローマ人は、清潔にしていれば病気にかからないと信じていたのです。主人や家族と接する召し使いや奴隷には１日２回、最低でも１日１回は入浴させて清潔に保っていました。もし、彼らが病気にかかってしまったら、食事や洋服を用意してくれたり、時には彼らとセックスをしたりすることもあるため、主人や家族まで病気に感染してしまうこともありました。そこで、ローマ人は主人とその家族だけではなく、すべての使用人や奴隷にも入浴させて体を清潔に保たせ、よく洗濯された服を着せていたのです。

一方、ローマ帝国の外側に住んでいた人たちは、事情が違ったようです。北ヨーロッパのブリトン人、ゲルマン人やヴァイキングは入浴の習慣も温泉を楽しむことも知りませんでした。彼らは、動物の肉を食べた後に、動物性の油を皮膚にくまなく塗りつけることで寒冷地の寒さや病気を防ごうとしていました。ただし、動物性の油はとても臭いものでした。そのため当時のローマ人たちは、北ヨーロッパの人々のことを野蛮で荒くれ者だとみなしていました。

伊達《だて》政宗《まさむね》、支倉《はせくら》常長《つねなが》ゆかりの温泉

私が最もお薦めする日本の温泉は、仙台藩主伊達政宗と、その家臣である支倉常長ゆかりの天然温泉です。常長は1571年、伊達家家臣である山口常成《つねしげ》の子として現在の山形県米沢市に生まれました。幼名は與市《よいち》。政宗が仙台領内でのキリスト教の布教容認と引き換えにメキシコとの直接貿易を求め、スペイン国王およびローマ教皇のもとに慶長遣欧使節団を派遣しました。その使節の一員に選ばれた常長は、宣教師ルイス・ソテロとともに、仙台藩内で建造された洋式帆船「サン・ファン・バウチスタ」で太平洋を渡りました。常長はメキシコを経てスペインを訪問して国王フェリペ3世に謁見、さらにローマに入り教皇パウロ5世に拝謁しました。

拙著『だから日本は世界から尊敬される』（小学館）でも書きましたが、私はこの素晴らしい16世紀の航海士・支倉常長の足取りをずっと取材しており、支倉家の菩提寺《ぼだいじ》・圓長山《えんちょうざん》円福《えんぷく》寺に行きました。本堂裏手にある常長のお墓を訪ねた帰りに寄ったのが、歴代伊達藩主御用達の『御殿湯』と『青根御殿』を擁する青根温泉『湯元不忘閣《ゆもとふぼうかく》』（宮城県柴田郡川崎町青根温泉1の1）です。

約400年前にこの温泉に滞在した伊達政宗が、その感激と喜びを忘れないように「不忘」と名付けられたことが由来とされている宿です。伊達の時代から続く『大湯』の石風呂をそのままに、土壁と木造の空間はとても素晴らしいものでした。私は、政宗や常長がかつてくつろいだ秘湯の石風呂に浸かり、16世紀の時代を想像しました。温泉に浸かった後は、名物の『政宗鍋』でジビエのキジを堪能しました。

戦国時代に活躍した侍たちと同じ温泉に入ることができる日本。こんな素晴らしい場所が大切にされている日本。だから日本は、世界の人たちが最も訪れたい国なのです。

出羽三山と温泉に感動しました

山形県の月山《がっさん》、羽黒山《はぐろさん》、湯殿山《ゆどのさん》からなる出羽三山は、明治時代までは神仏習合の権現《ごんげん》を祀《まつ》る修験道の山でした。明治以降は神山となり、月山は月読命《つくよみのみこと》、羽黒山は伊氐波神《いではのかみ》、倉稲魂命《うかのみたまのみこと》、湯殿山は大山祇命《おおやまつみのみこと》、大己貴命《おおむちのみこと》、少彦名命《すくなひこなのみこと》の3神を祀りますが、開山以来、羽黒派古修験道は継承され、出羽三山に寄せる人々の信仰は今も変わらないそうです。この三山はとても神秘的な雰囲気を醸し出しています。

ところで、私の母国であるサンマリノ共和国のティターノ山には、3つの城砦《じょうさい》があります。第1の城砦「グアイタ（Guaita）」、第2の城砦「チェスタ（Cesta）」、第3の城砦「モンターレ（Montale）」です。世界最古の共和国であるサンマリノへの侵略を試みる敵に備えて築かれた3つの城砦は、国旗のデザインにも使われており、サンマリノのシンボルです。ティターノ山の3城砦と出羽三山に不思議なご縁を感じています。

現在も修験道を中心とした山岳信仰の場として多くの修験者、参拝者を集めている出羽三山。サンマリノ神社のフランチェスコ・ブリガンテ宮司は、出羽三山で研修を受けて宮司となりましたが、なんというご縁でしょうか。実は、その数年前に私は出羽三山を訪れていたので、ブリガンテさんに訪れるべき場所として推薦したのです。私が出羽三山に行った際、国の特別天然記念物に指定されている杉並木に囲まれながら歩いてみましたが、私はすっかり出羽三山に魅せられてしまいました。

出羽三山に登った後に疲れた体を癒やしたのが、『あつみ温泉 萬国屋《ばんこくや》』(山形県鶴岡市湯温海丁1)です。伊達政宗、支倉常長ゆかりの温泉は秘湯でしたが、萬国屋は近代的で大規模な温泉旅館です。私はこんなに広々とした温泉にはこれまで入ったことはありませんでした。弘法大師が発見したという逸話もあり、1000年にもおよぶ長い間、湯治場として栄えてきたあつみ温泉の萬国屋は、創業300余年の老舗旅館。江戸時代には庄内藩公認の湯役所として栄えたとされるあつみ温泉は、微弱アルカリ性の湯で、切り傷、神経痛、リウマチ、婦人病などに効果があるそうです。

中でも私が気に入ったのは、庭園大露天風呂『桃里の湯』や、室内プールのような大浴場『楽水』でした。また、ここには貸切風呂『遥遥《ようよう》の湯』もあり、カップルや家族で利用できる温泉もあります。外国人で人前では裸になるのが恥ずかしい人には、貸切風呂もいいかもしれません。

日本には、ほかにも素晴らしい温泉が数え切れないほどあります。ただ温泉に浸かるだけでも心身ともに疲れがとれてリラックスできますが、その土地の歴史や文化を知り、その土地ならではの美味しい料理を味わい、地元の人々と交流することで、より日本のことが好きになります。このような温泉を訪れて、日本の温泉文化の「当たり前」を堪能したいと思います。

2020年インバウンド4000万人に備えましょう

私は講演会などで常々、日本人の皆さんに「日本は世界中の人が一度は行きたいと思っている国です」と伝えてきました。皆さんは旅行先というとハワイなど外国ばかりに目が向きがちですが、世界の人たちは日本に魅力を感じ、訪れてみたいと憧れているのです。

実際、ここ数年で、日本を観光で訪れる外国人は急速に増えてきましたし、日本は世界の中でも「ぜひ訪れたい国」として、上位に挙げられるようにもなっています。

例えば、クレジットカード大手のビザ(VISA)では2年ごとに、旅行と観光に関する総合調査「世界旅行意識調査」を発表しています。2018年2月に発表された最新の2017年版調査では、アジア太平洋、欧州、アフリカ・中東、北米・南米の地域別に、全27の国と地域の1万5500名にインタビューを実施。その結果、過去2年間で海外旅行をした人々の間で最も人気が高かった旅行先が日本だったのです。また、「今後2年間で訪れてみたい旅行先」としても、日本が第1位を獲得しています。

日本政府観光局(JNTO)の調査では、2017年の訪日外国人数は前年比19・3%増の2869万1000人と、統計をとり始めた1964年以降、最多を記録しました。日本政府は「2020年にインバウンド(訪日外国人観光客)4000万人」という数字を目標に、2017年に「観光立国推進基本計画」を閣議決定していますが、その目標は達成できそうな勢いです。日本は現在、外国からの観光客数では世界第16位(2016年)です。しかし、今後4000万人、5000万人と訪日外国人数が増えていけば、世界トップ10にランキングされる日も遠くはないでしょう。

では、外国人が日本に来て、ぜひ訪ねてみたいところはどこなのでしょうか。私は、大きく分けて3つあると思います。「自然に恵まれたところ」「文化・歴史を感じさせてくれるところ」「温泉」です。

日本には四季折々に表情を変える素晴らしい自然と風景に恵まれた場所がたくさんありますし、日本ならではの文化や歴史を肌で感じることができる観光スポットも数多くあります。そして、全国各地で泉のように湧いている温泉は、日本情緒を満喫できる最高のリラックス・リゾートです。しかも、日本は世界トップクラスの安全で美しい国。初めて日本を訪れる外国人も、安心して滞在することができます。

これらは、ずっと日本で暮らしている日本人にとっては「当たり前」に思えることでしょうが、外国人の目には、極めて魅力的に映ります。観光地として世界有数の人気国であるイタリアに負けないくらい、日本には訪れてみたい場所がたくさんあるのです。

日本に観光立国を提言するイギリス人実業家のデービッド・アトキンソンさんも、私と同じような意見をお持ちです。彼は著書『世界一訪れたい日本のつくりかた』（東洋経済新報社）の中で、「日本は世界一訪れたい国になるポテンシャルがあります。観光大国になる4条件は『自然・気候・文化・食』。日本はこの4条件をすべて満たしているまれな国」と述べています。

私は、世界の中でもナンバーワン・クラスの観光資源を有する日本は、イタリアのように世界中から多くの観光客を呼び込むことができる観光大国へと成長できると思います。世界中の人たちが日本を訪れたいと思っているからです。

2020年に年間4000万人の外国人観光客を迎えるにあたって必要なことは、より多くの外国人に日本の良さを知っていただくためにはどうすればよいのか考えることです。ここからは、日本が優れている現状と、課題について考えていきたいと思います。私が急務だと考えていることは、民泊の活用も含めた宿泊施設の拡充と、外国人観光客が迷わずに目的地へ到着できるような日英バイリンガル表記の整備、そして「本物の日本の良さ」をいかに守っていくか、という3点です。

日本の観光ビザ緩和政策は、世界の観光客にはいいことです

台湾やタイ、ベトナム、マレーシア、トルコをはじめ、世界には日本に好感を抱き、日

本に憧れている親日の国や地域がたくさんあります。より多くの親日家の外国人たちに気軽に日本へ来てもらうために、私は長年「日本はもっと観光ビザ発給を緩和したほうが良い」と提言し続けてきました。

そもそもビザ（査証）とは、渡航先の入国許可証にあたるもので、パスポートを保有する旅行者が、その国に入国する資格があることを裏付ける書類のことです。ビザは、国境を越えて自国に入ってくる人たちを管理・制限するために国家が設けているシステムですが、観光で日本に短期間滞在したいと思っていても、ビザの発給要件が厳しかったり、ビザの申請に手間や時間がかかったりして、なかなか気軽に旅行で来られません。反対にビザなしで日本へ行けるとなれば、手間も少なく、旅の自由度がぐんと高まります。世界に日本のファンを増やすためには、観光ビザを緩和して、外国人が気軽に日本を訪れることができるようにしていくのが効果的なのです。

日本の外務省も、私と同様の考えを持っているようです。ここ数年来、段階的に進められてきた日本の観光ビザ緩和政策は、外国人観光客を増やす上で、極めて有意義なことです。外務省によると、「訪日に際してビザが必要な国・地域のうち、観光客誘致の潜在的に大きな市場である中国、ロシア、インド、フィリピン及びベトナムの5か国に対し戦略的にビザ緩和を実施していく」「また、それ以外の国についても、人的交流の促進や二国間関係の強化等の観点から戦略的にビザ緩和を検討・実施した」としています（『外交青書2017』より）。

具体的には、2013年7月からタイとマレーシア向けにはビザ取得を免除。ベトナム、フィリピン、アラブ首長国連邦、カンボジア、ラオス、パプアニューギニア向けには、従来の1次有効ビザ（日本へ一度入国したら使用済みになるビザ）から、有効期間内であれば何度でも訪日できる数次ビザ（マルチプルビザ）の発給を開始。2014年からはミャンマーやインド向けにも数次ビザの発給が始まり、インドネシア向けにはIC旅券の事前登録制によるビザ免除が開始されました。さらに、2016年にはインドやベトナム向けの数次ビザの発給要件が大幅に緩和されています。

現在、日本がビザ免除措置を実施しているのは世界68の国と地域に上ります。この中には、ヨーロッパ主要国をはじめ、韓国、台湾、香港、マカオ、シンガポール、タイ、マレーシア、インドネシア、ブルネイといった東南アジア諸国、アメリカやカナダ、メキシコやアルゼンチンなどの中南米諸国、オーストラリアやニュージーランド、トルコやアラブ首長国連邦、イスラエルといった中東諸国も含まれます。ビザ免除措置の対象国・地域に住む人は、観光や商用・会議出席、知人の訪問などを目的に短期滞在する場合は、日本の入国に際してビザを取得する必要がなく、パスポートだけで日本を訪れることができます。

中国に関しても、ビザ緩和策により、中間所得層や学生など若い世代も手軽に日本を旅行できるようになり、2009年には約100万人だった中国からの訪日観光客数は2017年には約735万人と、7倍以上に激増しています。

この数字だけを見ても、海外から多くの人に日本を訪れてもらい、日本の良さを知ってもらうにはビザの緩和がいかに効果的か、一目瞭然です。

若くて優秀な人に労働ビザを与えましょう

今後の日本の課題は、観光面だけでなくビジネス面におけるビザの緩和でしょう。現状の日本の観光ビザ（短期滞在ビザ）では、商談や会議への出席、工場などの視察、実務を含まない研修などの短期商用（最大90日間）は認められていますが、給与や手当などの報酬が発生する仕事（就労活動）はできません。

日本には現在、27種類のビザがありますが、制限がなく仕事ができるのは永住者資格など一部のビザだけで、就労が認められる在留資格は高度専門職や企業内転勤、研究、教育、芸術など、限定された仕事にのみ与えられます。留学や短期滞在、研修などのビザは就労が認められておらず、不法に就労した場合は処罰されます（留学の場合は「資格外活動」として原則週28時間までのアルバイト勤務が認められています）。このため、日本でビジネスを興したい、あるいは日本で学びながら働きたいと考える優秀なグローバル人材が思うように活動できないという問題があります。

例えば、会社を経営する私の知人は、日本の大学に留学することが決まっている外国人留学生を採用し、働きながら大学に通ってもらうことを考えていましたが、現在の日本の入国管理法では実現が困難なため、採用をあきらめました。

もちろん国としては、日本に入国した外国人が違法に働いてもらっては困る、という事情があることは承知しています。しかし、ケース・バイ・ケースで、事情によっては就労活動を認めたり、就労ビザや商用ビザの適用範囲を広げたりしていくことも必要だと思います。将来の人的交流の面からいえば、留学生や若い外国人に向けた就労ビザや商用ビザの発給緩和は、どんどん進めていただきたいと思います。

観光客は「爆買い」だけではありません

日本を訪れる中国人観光客が急増し始めた2014年から2015年にかけて、テレビや新聞の報道などで中国人団体旅行客の「爆買い」がたびたび話題となりました。大型観光バスで都心の百貨店や家電量販店に乗りつけて、貴金属や宝飾品、高級ブランド品、化粧品、医薬品、電気製品などを大量購入する姿が、驚きをもって紹介されたのです。ただ、日本に来る外国人観光客は、そうした爆買い中国人だけではありません。統計的に見ると、2017年の訪日外国人観光客数は中国や韓国、台湾、香港など東アジアからの割合が全体の4分の3と多いのは事実ですが、タイやシンガポール、マレーシアといった東南アジア諸国からの訪日客が約10%、アメリカ、カナダ、オーストラリア、イギリスなど欧米豪諸国からの訪日客も約11%を占めており、世界の全地域からの訪日客数が過去最高を記録しているのです。

いわゆる中国人の爆買いは、中国の経済事情や政策に大きく影響されます。そのため、一時はブームのように騒がれたとしても、長続きするものとはいえません。事実、2016年4月から中国政府が税関での海外購入持ち込み商品の関税率を引き上げたことや、円高元安の進行、中間所得層の旅行者の増加などが影響し、爆買いブームは沈静化。中国人観光客の買い物代は1人あたり約11万9000円と依然として最も高いものの、化粧品や医薬品、菓子類など日用品の購入が中心となり、買い物場所もドラッグストアやスーパーマーケット、ショッピングセンターなどが主流になっています。

買い物動向だけでなく、中国人観光客の旅行スタイルにも変化が表れています。以前は団体旅行で、5〜10日間程度の旅程で「ゴールデンルート」と呼ばれる東京〜箱根・富士山〜京都〜大阪を駆け足で巡るコースが主流でしたが、近年は個人旅行客が増加し、より日本らしさを求めて地方に足を延ばしたり、桜の開花時期に合わせて訪日して花見を楽しんだりと、日本での過ごし方も多様化しています。旅の目的が、買い物（モノ消費）から体験（コト消費）へと移りつつあるのです。

また、外国人観光客のニーズは、国や地域によって大きく異なります。先に紹介したビザ（VISA）の「世界旅行意識調査」によると、海外旅行先を選ぶ際、ヨーロッパの人々は「文化体験と気候の良さ」を、南北アメリカの人々は「アクティビティ（リゾート地などでのさまざまな遊び）とローカル体験」を重視するそうです。アジア太平洋地域の人々は「可能な旅行期間とアクセスのしやすい旅行先」を重視。中でも台湾人は31％が「安全性」を旅行先の条件に挙げていました。こうした調査結果を見ると、やはり日本は世界の人々が海外旅行に求める条件を見事に満たしている国だと感じます。アジア太平洋地域に住む人たちにとって、日本はアクセスしやすく3日～1週間程度の短期間の旅行先としても向いていますし、旅行先での異文化体験や自然とのふれあいを求める欧米の人たちにとっても、日本はさまざまな魅力的な体験を提供できる国だからです。

オーストラリアやヨーロッパからの観光客が愛する日本の自然

最近は日本に2週間、3週間と長期間滞在する外国人観光客も増えてきました。特に、オーストラリアやヨーロッパからの観光客は長期間の滞在が多く、日本のリゾート地で過ごす人も多いようです。大自然の中でマリンスポーツやウインタースポーツなどさまざまなアクティビティを満喫し、温泉やスパ、地元の新鮮な素材を生かした食などを楽しみながら、ゆったりと滞在する人も多いのです。

そうしたニーズを取り込んだ町の一例に、北海道のニセコ町があります。最大の魅力は、雪質の良い、大規模なスキーリゾートがあることです。実は欧米のスキーリゾートには、降雪量が少ないため人工雪でゲレンデを整備しているところもたくさんあります。その点、ニセコは天然雪で極上のパウダースノーが、世界的にも高く評価されているのです。

ニセコ町では、2013年度には年間7万人強だった外国人宿泊客が、2016年度には10万人を突破しました。観光客の増加に呼応してホテルやリゾート施設の整備が進められており、カヌーやラフティング、自然観察ツアーやトレッキングなど夏のアクティビティも充実してきました。観光だけでなく、ニセコの地に魅せられて移住する人も増えています。ここ10年ほどの間に、ニセコ町では外国人居住者が10倍近くに膨れ上がっていると聞いています。

新千歳空港からのアクセスも便利で、町を挙げて標識・看板などの英語対応を進め、飲食店のメニューや接客などソフト面の英語対応も充実してきました。一年中いつ行っても雄大な自然を楽しめる、海の幸や野菜も新鮮で美味《おい》しい、近くに札幌という大きな都市もあります。観光客にとって、そんな好条件がそろっているエリアなのです。

もちろん、他のリゾート地も外国人観光客の誘致に力を入れています。例えば長野県の白馬村では、スキーリゾートへの誘致策として、冬季に成田空港と羽田空港からの直行バスを走らせているそうです。

白馬村では、周辺一帯の9のスキー場が協力して「HAKUBA VALLEY」を標榜《ひょうぼう》し、多くの観光客を迎え入れています。中でもオーストラリア人の観光客が多く、この10年でオーストラリア人の宿泊客は100倍以上になったそうです。「HAKUBA VALLEY」は日本最大の滑走可能面積を誇り、雪質の素晴らしさにも定評があります。ジャパンとパウダースノーを合わせた「JAPOW（ジャパウ）」という造語が生まれたほどです。

世界的に有名なスノーボーダーのトラビス・ライスさんが主演したスノーボード映画『THE FOURTH PHASE』（2016年公開）で撮られた白馬のシーンが世界に与えた衝撃は、すごいものがありました。この映画をきっかけにして、世界の人々は白馬の素晴らしい斜面とパウダースノーを知ったのです。ヘリコプターのカメラや『GoPro』カメラ（エクストリームスポーツの動画撮影を目的とした小型軽量デジタルビデオカメラ）などで撮影されたライスさんの白馬でのスノーボード・シーンに魅了された人たちが、白馬に押し寄せているのです。スイスやカナダよりも、今は白馬が注目されているのです。

冬にスキーを楽しむだけでなく、「HAKUBA VALLEY」を包むように3000m級の急峻な山々が連なっている白馬。そんな山岳景観の素晴らしさに加え、周辺には温泉がたくさんあり、隣県の新潟から海の幸もふんだんに届きます。数日を過ごすだけではなく、ずっと滞在していたい、と白馬のとりこになる外国人もたくさんいます。

観光地の英語表記は大丈夫でしょうか？

日本の観光地の案内板や標識の英語表記は、以前に比べてずいぶん充実してきましたが、時折「？」と思わず首をかしげてしまうような表記を見かけることもあります。

これは、日本語を英語で表記することの難しさといってもいいでしょう。例えば、埼玉県と東京都を流れる「荒川」を「Ara River」と表記するか「Arakawa River」と表記するか、といった問題です。地名以外にも、「温泉」を「Onsen」と表記するか「Hot Spring」と表記するか、あるいは「Spa」と表記するかで、それを見た人の出身国によってイメージするものが変わってきます。また、「川下り」というと、一般的には長野県の天竜峡のような急流のラフティングを想像しますが、平地の水濠《すいごう》やお堀巡りでも「川下り」(Down The River)や「River Cruise」など、さまざまな表記が混在しています。このようなことは、国や自治体が表記基準を統一する必要があると感じていました。

観光庁は2014年に「多言語対応ガイドライン」を策定し、2016年には国土地理院が「地図に記載する地名等の英語表記ルール」を発表しました。今は、看板や交通標識、地図などはおおむねこれらのルールに沿った表記が進められていますが、まだ自治体すべてに統一されているとはいえず、観光地の地元で独自に製作した案内板やパンフレットなどでは表記がバラバラなケースもまだまだあります。

中には、明らかな誤訳や綴《つづ》りの間違いも散見されます。例えば、私の知人はお土産店の店頭で「Free Tea」という表示を見て無料サービスかと思い、そのお茶を飲んだところ、料金を請求されてびっくりしました。「Free」は「無料」という意味ではなく、「甘味料や添加物が含まれていない」という意味だったのです。また、ある商業施設ではイスラム教徒向けに礼拝所を設置しましたが、案内板では礼拝室を意味する「prayer Room」を「player Room（競技室）」と書き間違えていたそうです。こうした表記は外国人に意味が伝わらないだけでなく、不快感やトラブルを招いてしまうので、あってはならない誤りです。

観光地の英語表記も日本人だけで考えるのではなく、英語圏で生まれ育ち、なおかつ英語圏と日本の文化の両方を理解している人にネイティブ・チェックを受け、外国人に正しく内容が伝わる表記で統一していくことが、最低限必要です。

また、単に英訳しただけの、何を言いたいのかさっぱりわからない英語もあります。もともと書かれていた日本語の説明文を正しく英訳してあり、英文法や単語のミスはありませんが、何を伝えたいのかわからないものです。日本語の説明文自体が、日本人でも難解な文章になっていた場合、それを難解な英語に訳しても何もわかりません。

私は前職がジャーナリストなので、翻訳だけでは不十分だと考えています。すべてのネイティブスピーカーが、日本の文化や歴史を学んでいるとは限りませんので、その文章の真贋《しんがん》をチェックしなくては、記事にはできません。意味と内容がきちんと外国人に伝わる表記や表現で英訳するだけではなく、専門的な編集も必須なのです。例えば、歴史的な史実であれば、歴史、歴史的な人物に詳しい英語ネイティブのリポーターや編集者に依頼して、外国人も日本人も理解できる記事に仕上げてもらうのがいいと思います。

和製英語の「当たり前」？

英語表記からは少し脱線してしまいますが、私は最近、日本の英語について興味深いことに気づくようになりました。テレビ、新聞、雑誌やWEBで奇妙な英語を見聞きすることがあります。日本人によって英語の定義が変更されているからです。間違った使い方や定義であっても、日本人の間ではコミュニケーションに問題はありません。しかし、日本人と外国人の間ではミスコミュニケーションが生じてしまいます。意味と使用法が変わった和製英語の例をいくつか挙げてみます。

リベンジ「Revenge」:「報復することにより正しさを実証する」という意味です。真剣に報復する、敵討ち、報復攻撃を意味します。日本では小さなことにもリベンジをよく使います。例えば、「ラーメン店に行ったが閉店していた。次回にリベンジするつもりです」。私の理解では、店主に敵討ちするの？　と不思議に思えます。

フォロー「Follow」：日本では頻繁に使用されています。例えば、「その件は私がフォローします」と言う場合は、フォローは「サポートします。面倒を見ます」という言葉の代わりに日本では使われています。本来のフォローとは「従います。ついて行きます」という意味で、助けを申し出たり、サポートしたりする意味はありません。

アバウト「About」：これも日本でよく聞く言葉です。例えば、「彼はアバウトな人だから、信用できない」と、日本ではアバウトな人＝いい加減な人を意味しているようですが、英語にそのような意味はありません。

本来の英語とは異なる意味を持つ和製英語はほかにも多くあります。たとえ誤った使い方や定義であったとしても、日本人同士の日々の会話ではあまり問題ないと思います。しかし、これから英語を使う機会が増え、外国人とのコミュニケーションが増えていくのであれば、英語の言葉を正しく使うように学んでいくといいでしょう。

和製英語ではありませんが、外国人が混乱するのは、社交辞令です。日本では、社交辞令で丁寧に発言することが多いと思いますから、阿吽《あうん》の呼吸で理解できるのでしょう。しかし、外国から来た人が、日本の社交辞令の意味を理解するのは難しいと思います。例えば、転居時にポストカードを送ることがあります。「近くにいらしたら、いつでもご訪問ください。歓迎します」と書かれていたので、実際に立ち寄ったら、あまり歓迎されなかった友人を知っています。日本人の間でさえ、社交辞令の対応で混乱することがあるのがちょっと面白いと思っていますが。

交通機関の多言語化はどうなっていますか？

本題に戻りましょう。観光地の標識・看板・案内板だけでなく、そこに至る交通機関の多言語対応（マルチリンガル化）も大きな課題です。

空港はもちろんのことＪＲ・私鉄、地下鉄、バス、タクシーも含めて、それぞれの交通機関によってけっこう多言語対応が進められています。

ただし、交通機関ごとといっても、実態は会社ごとに独自に対応している面もあり、表記の統一をどう図るかは悩みどころです。例えば「西口」といっても、「Nishiguchi」と表記する交通機関があれば、「West」と表記している交通機関もあります。西口の「（出）口」の英訳を「Exit」とするか、「Gate」や「Entrance」とするかも、交通機関や運営会社によって異なるケースがあります。

1つの駅に複数の鉄道会社が乗り入れたり、1路線を相互乗り入れしていたりする場合や、日本語では同じバス停名なのにバス会社によって表記が異なるケースなどは、外国人にとっては一瞬、混乱してしまうこともあります。それが文字としての表示なら見て確認ができますが、車内アナウンスとなると、一瞬のことだけに余計に混乱します。例えば「次は●▲駅前」というアナウンスを「●▶ Ekimae」と言うか「●▶ Station」と言うかで、聞き間違えて乗り過ごしてしまう人もいそうです。

世界で4か国語表記している列車はめずらしい

交通機関のマルチリンガル化で進んでいるのは、多くの外国人が集まる国際空港へのアクセスです。例えば、首都圏の各駅と成田国際空港を結ぶJR東日本の成田エクスプレスでは、駅の案内は日英中韓の4か国語でアナウンスされています。

英語に加え中国語と韓国語も併記する4言語サインを、日本人は「外国人もたくさん利用するから当たり前」と考えて導入・普及させてきたようですが、実は海外でここまで充実している案内はまずありません。4か国語で車内アナウンスを行うと時間がかかりますし、かえって戸惑ってしまうおそれもあるので、少々やりすぎかもしれません。

例えばイタリアの場合、基本はイタリア語と英語の2か国語表記です。隣国の言語であるフランス語やドイツ語の表記もありません。外国語表記や車内アナウンスについては、その程度で十分ではないでしょうか。

なお、記号を利用して外国人にも駅名を簡潔に伝える意味もあってか、「駅のナンバリング表記」も「当たり前」になってきました。東京メトロでは車内アナウンスで「次は大手町。C11」と路線記号（千代田線のC）と駅番号（11）を伝え、駅構内の案内板にも「C11」や「M18」（丸ノ内線のMと駅番号18）などと表示されています。JR東日本でも、2016年10月から首都圏エリア285駅で駅のナンバリングを導入しています。これなら、記号を手がかりに路線図を読み解くことができ、表現による誤解はぐんと減ります。

切符の自動券売機の英語対応は進んできましたが、英語表記が印字された切符はあまり見かけませんでした。しかし、近鉄（近畿日本鉄道）や名鉄（名古屋鉄道）では、ずいぶん前から切符に英語表記が印字されていました。私はそれを、伊勢神宮参拝で近鉄特急に乗った時に知りました。近鉄では全線で、駅のナンバリング表示も実施されています。これなら日本語がわからない外国人も、切符に印字されている駅名と駅の案内版を見比べながら間違わずに降りることができると感動したものです。

民泊は富裕層も利用します

２０２０年に年間４０００万人の外国人観光を迎え入れるために解決すべき重要な課題が、宿泊施設の充足です。観光庁の宿泊旅行統計調査によると、２０１７年の外国人延べ宿泊者数は７８００万人泊と過去最高を記録しました。東京や大阪、京都など外国人宿泊者が多い地域のシティーホテルやビジネスホテルの客室稼働率は平均80％を超え、日本人ビジネスパーソンが出張先の宿の確保に苦労するなど、ホテル不足が深刻化しています。

そうした宿泊施設の不足を補う意味で注目されているのが、民泊です。私は、民泊的な宿泊形態が欧米のゲストハウスのように広がることが、多くの外国人観光客を受け入れるためには欠かせないと思います。

民泊については昨今、トラブルばかりが報じられていますが、民泊は悪いものではありません。私はマンションに、サンマリノからの留学生を無料で宿泊させたところ、一部の住民から注意を受けたことがあります。自分の所有するマンションに無料で知人を宿泊させることすらできないような管理規制の決まりは、少し厳しすぎるのではと感じるのは私だけでしょうか？　日本のマンションのルールは共有部分に対する考え方など、世界のルールと違うことも多いので、改善の余地があると思います。日本は「世界で最も安全で暮らしやすい国」と称賛されてきた実績があるので、いずれ良い解決法が見つかり、日本ならではの民泊の姿が確立できると期待しています。

民泊を推進する上で考慮に入れていただきたいのは、民泊というシステムは世界では富裕層も利用しているという点です。民泊というと、自宅の空き部屋に旅行客を安価で宿泊させるイメージがあるかもしれませんが、海外では貴族の元邸宅や豪華な別荘などを活用した高級民泊サービスもあり、結構なお金持ちも利用しています。そこには、より豪華で自由に外国での滞在を楽しみたいという気持ちがあります。

これを日本で実現するならば、歴史的な建造物を利用した「古民家宿泊」や、寺社の宿泊施設である「宿坊」などを発展・整備して、民泊施設として提供するのも1つのアイデアでしょう。特に宿坊は、護摩木のお焚《た》き上げや座禅や写経を体験したり、一般の観光客は入れない国宝のお堂に上がらせてもらったりと、ホテルや旅館ではできない体験が可能で、日本の信仰や歴史文化、芸術を肌で感じることができるので、外国人にとっては非常に魅力的だと思います。

そうしたことも踏まえながら民泊の利用を促進できれば、ジャパン・オリジナルな〝民泊の「当たり前」〟な仕組みが生まれてくるでしょう。そうなれば、海外の人たちとの交流がいっそう楽しくなってくると思います。

真の日本体験ができる旅館が求められています

日本を訪れる外国人の多くが求めているのは「真の日本体験」です。しかし、外国人の目から見ると、そうしたニーズを満たしてくれる旅館やホテルは、まだまだ多いとはいえないのが現状です。宿泊施設の数自体が不足している状況ですから、「本物の日本を体験したい」という思いに応えるだけの施設は本当に数が限られるのです。

例えば、京都には麩屋町《ふやちょう》通界隈《どおりかいわい》に柊屋《ひいらぎや》旅館、俵屋《たわらや》旅館といった由緒ある老舗旅館があります。俵屋旅館はアップル社の創業者であるスティーブ・ジョブズさんも定宿にしていたといわれる、京都を代表する高級旅館です。高級といっても、施設が豪華であるとか、大規模であるということではありません。日本の宿で伝統的に大切にされてきたおもてなしや様式が、しっかりと息づいているのです。日本には、一見《いちげん》さんお断りであったり、予約がなかなか取れなかったりする日本料理店などが伝統を大切にしています。そんな質の高い日本を体験したい外国人も多いのです。

こうした真の日本を体験できるような旅館や高級ホテルを増やしていくことも大切ですが、本格的な高級旅館を歴史的建造物だけに求めるのは無理があります。施設面とは別に、外国人が求める、本当の意味での日本らしさとは何かを真摯《しんし》に考え、サービスなどのソフト面で日本的な高級感を打ち出していくことが重要になってきます。

今日、世界のさまざまな国から外国人が日本を訪れていますが、富裕層の中には、日本には自分が求めているレベルのホテルが見つからないために、まだ訪日していない人もたくさんいます。それは観光ビジネスの観点からも、非常にもったいないことです。

日本の美しい道路はもっと素晴らしくなる

日本の道路は、美しい。大通りは整然とし、路地や路地裏に至るまでゴミが落ちておらず、きちんと整頓されています。これは日本人の良識の高さとマナーの良さの表れであり、そのことに感動を覚える外国人もたくさんいます。今後は、街全体の美観の向上や歩行者の安全確保、また地震などの災害への対処といった観点も踏まえて、日本の道路をより素晴らしく整備していくことが喫緊のテーマです。

そのために、まず大切なのは、欧米では一般的になっている無電柱化です。電線などを地下に埋設して電柱をなくせば街の美観が保てますし、安全で円滑な交通が確保でき、防災・災害対策上も有用です。国土交通省の資料によると、ロンドンやパリ、香港では100%無電柱化されており、シンガポールや台北なども無電柱化率が90%を超えていますが、日本では最も対策が進んでいる東京23区内でさえ、8%しか無電柱化が進んでいません。日本には現在、3500万本を超える電柱があり、宅地開発などに伴い、今も増えているのが現状です。電柱がなくなれば、地域住民はもちろん、外国人観光客も安心して安全に日本の街歩きを楽しめるようになるでしょう。

より素晴らしい道路環境にするには、違法駐車対策も大切です。ただし、私はこの点については「厳しすぎるのも考えものだ」と感じています。警察から駐車違反の確認業務を委託されている駐車監視員の作業ぶりには、「そこまで厳しく取り締まらなくてもいいのではないか」と思うことも多いからです。ヨーロッパでは、祝祭日や夜間はほかの車に迷惑をかけない限り路上駐車をしていても良く、道路状況に応じて条件がつけられた無料のパーキングゾーンが路上に設けられていますが、日本ではいつでもどこでも路上に駐車することはできません。

公共施設の使われない駐車スペースはもったいない

東京の公共施設などの駐車場に関しても、「もう少し柔軟に対応すれば利用者にとって便利になるのに……」と残念に感じることがあります。例えば、ある公共プール施設では駐車スペース25台の全部が障害者用となっていました。一般の駐車スペースが1つもありません。医師からの指導で水泳を勧められていますので、私もプールを使用したいのですが、一般用の駐車スペースがまったくなければクルマで行くことができません。しかも、その施設の駐車スペースはほとんど活用されていません。障害者の車両も駐車スペースを利用していないので、25台のスペースのほとんどが空いています。空いている駐車スペースは、もったいないと思われませんか？

公共施設の入り口に近い場所に障害者用の駐車スペースを確保したり、障害者が優先的に駐車場を利用したりできるような配慮はもちろん必要ですが、一般のクルマはまったく駐車できないというのは、いかがなものかと考えてしまいます。駐車違反や駐車規制に関しては、もう少し寛大な心で、ルールの運用を考え直していただきたいと思います。

自転車が歩道を走るのを、「当たり前」にしない

東京23区の歩道を歩いていると、暴走自転車にひやひやさせられることがよくあります。歩行者専用の歩道を、歩行者に交じって、自転車が猛スピードで走っているのが「当たり前」になっています。

車道でも自動車の前を突然横切ったりすることも多く、自転車の運転が原因の事故であ

っても、自転車よりも強者と見なされる自動車のほうが悪いとされるのが日本です。大きなスーツケースを引いた旅行者はもちろん、子どもや高齢者などが安全に歩道や街を歩けるように、今までの自転車の常識を変えなくてはいけないかもしれません。自転車運転者に交通ルールを知ってもらう必要があるのではないでしょうか？

「自転車は車両なので車道もしくは専用レーンを走行し、歩道は歩行者のための道」というルールは、世界では「当たり前」ですから、自転車に乗る人にも安全講習の義務化や運転免許証が必要かもしれません。

観光業で誰もが恩恵を受ける国になれます

日本は、もはや工業製品のトップ輸出国ではありません。多くの新興アジア諸国は、日本よりも安い労働力で、今や日本と同等の良質な製品を安価に生産することができるからです。日本は今後、もっと真剣に観光業の振興を考える必要があります。ヨーロッパの先進国のイタリアでは、国内総生産（ＧＤＰ）の構成の中でナンバーワンは観光業です。イタリアを訪れる多くの観光客のおかげで、誰もがお金を稼ぐことができています。世界中からの観光客によって、国内のすべての産業が潤うのです。

すべての産業が潤うという意味は、観光客が訪れることによって、電気、ガス、水道、宿泊業、運輸業、飲食業、小売業、さらには第1次産業や製造業全般にも広く恩恵があるということです。観光客が国内に落とすお金が、国全体を活気づけるのです。観光業は21世紀最大の成長産業になると目されており、今や世界のGDPや雇用の1割が観光業によってもたらされているといわれています。日本は工業が「当たり前」の国から、観光業が「当たり前」の国へと移行しているように思います。

訪れたい素晴らしい場所とは?

先にも述べましたが、私が思う、日本の素晴らしいところは「自然に恵まれたところ」「文化・歴史を感じさせてくれるところ」「温泉」の3つです。

日本は国土の約7割が森林に覆われた山地で占められています。自然に恵まれたところとして、まず思い浮かぶのが、そうした山々を巡る旅です。すでに富士山は、環境省の調査によると、夏場の平日は登山道によっては登山客の3割程度を外国人が占めるほど人気が定着しています。前述した北海道のニセコや長野県の白馬といった山間のリゾート地や、古き良き日本の原風景が残る岐阜県の飛騨高山なども、多くの外国人観光客が押し寄せています。

ダイナミックな海の自然を実感できる場所としては、「東洋のガラパゴス」とも称され、ユネスコ世界自然遺産にも登録されている東京都の小笠原諸島（父島・母島ほか）や鹿児島県の屋久島もお勧めです。私は小笠原諸島を訪れた時、「ボニンブルー」と称される濃い青色の海の美しさに感動し、ダイビングやホエールウオッチングを満喫しました。島の料理もとても美味しいところで、今でも忘れられません。

小笠原諸島は英語名を「The Bonin Islands（ボニン・アイランズ）」と言いますが、これは江戸時代に小笠原諸島が「無人島（ぶにんじま）」と呼ばれていたことに由来するそうです。今でも東京から船で片道約24時間もかかり、誰でも気軽に訪れることはできませんが、交通が不便な絶海の孤島だからこそ素晴らしい自然が手つかずのまま残っており、ここでしか出合えない景観と感動を味わうことができます。

日本の歴史や文化に深く根ざした古道・街道筋の街並みなども、外国人観光客に静かな感動を呼び起こします。紀伊半島の山懐深くに通じる熊野古道や、東北地方に残る奥の細道と宿場町、また長野県から岐阜県に通じる木曽路などです。

日本の文化・歴史を感じることができる場所としては、長崎や宮崎がお薦めです。長崎を訪ね歩けば、日本にある異国情緒を堪能でき、趣の異なる日本の姿を楽しむことができます。そこは拙著『だから日本は世界から尊敬される』でもご紹介した、「天正遣欧少年使節団」ゆかりの地。私は、その使節団の足跡をたどって長崎や宮崎を何回も訪ねましたが、行くたびに新たな発見がありました。

沖縄は世界最高のリゾートになります

沖縄は、日本の中で最も重要な観光地の1つです。私は、沖縄は日本のダイヤモンド、日本の至宝だと思っています。沖縄の島々はとても美しいのです。僭越《せんえつ》ながら私見を申しますと、沖縄諸島はハワイ諸島よりもはるかに魅力的です。

なぜ沖縄が旅行者にとって魅力的なのでしょうか？　第1の理由は、沖縄の海はとても美しく透明度も高いからです。しかも沖縄の海の水温は、ハワイの海よりも高いのです。

第2に、沖縄はハワイよりもずっと物価が安いからです。第3に、沖縄の人たちはとても親しみやすく、穏やかだからです。

沖縄のどの島が最高だと言うのは本当に難しいです。美人コンテストのミス・ユニバースを1人だけ選んでくださいといわれるようなものです。絶世の美女がたくさんいる中、誰が「ナンバーワン」なのかを決めるのが大変なのと同じように、どの島が一番魅力的かと言うことはできません。各島にはそれぞれ独自の魅力や美しさがあるからです。個人的には西表《いりおもて》島と石垣島が特に大好きで、ご縁があって沖縄県の「竹富町・西表応援大使」にも任命されていますが、私は沖縄諸島のすべての島を愛しています。

沖縄の海はおそらく世界最高の海です！　私は太平洋のパラオ、ハワイ、インド洋のモルディブ、大西洋のカリブ海、地中海、エーゲ海など世界の多くの場所を訪れましたが、私にとって最高の海は沖縄の海です。沖縄は海の美しさだけでなく、素晴らしい自然環境、親切で優しい人々、美味しい食べ物もそろっており、しかも物価が安いのです。沖縄はアジアで最高のマリン・リゾートになる大きなポテンシャルを持っています。

今後、世界最高のリゾートになるためには、沖縄は「もっと沖縄になる」必要があります。沖縄らしさを今よりももっと大切にするのです。沖縄をラスベガスのようなリゾートにするのではありません。アメリカン・リゾートを目指す必要はないのです。

アメリカナイズするのではなく、沖縄らしい街づくりを進めていくことがとても重要です。ハワイの魅力は海だけではなく、ハワイらしい街づくりが素晴らしいことにもあります。沖縄が目指すべきリゾートのイメージは、沖縄文化の美しさやライフスタイルと世界最高の海のリゾートを共存させることです。それが、世界中の人を魅了するはずです。沖縄は「日本のハワイ」ではなく「アジアのハワイ」「世界のもう1つのハワイ」になれると思うのです。

もし、沖縄らしい海のリゾートを新たに開発するのであれば、中東諸国や中国、アメリカなどの投資家が喜んで投資すると思います。もしカジノを設置するのであれば、沖縄に豪華な大規模カジノは必要ありません。小さなカジノで、沖縄風の優雅な雰囲気を持つ日本の建物が望ましいと思います。沖縄にふさわしいのはシンプルでミニマルなリゾートであり、成り金趣味の豪華なリゾートとは異なる姿を目指すべきではないでしょうか？　世界は繊細でエレガントで物静かな「沖縄らしいリゾート」を求めているのです。

沖縄は、日本とアジアの最大の財産の1つなのです！　沖縄の人々をはじめ日本人はとても謙虚な人が多いので、しばしば日本の自然と人間の魅力を過小評価されているようです。それが日本人の感覚として「当たり前」なのかもしれませんが、私にとって沖縄は「世界の宝」です。「沖縄らしさ」や「日本らしさ」を日本政府観光局（ＪＮＴＯ）がうまく世界に伝えていただければと祈念しています。

第5章

外交官の使命と国際情勢

世界で初めての大使館は、いつ誕生したのか？

世界で初めての大使、大使館という外交のコンセプトを考えたのが誰なのかははっきりとはわかりません。古代エジプトと古代ギリシャの頃から外交使節団、大使、大使館の概念が生まれたようです。古代の大使と大使館は、国家間の交渉、通商の促進、戦争を避けるための交渉、国際結婚などを目的に創られました。

古代ギリシャ時代の頃から大使は国を代表する人物、母国からの公式なメッセンジャーであり、派遣先（接受国）で特権を有していました。大使は、良いメッセージも悪いメッセージも接受国に伝えなくてはなりません。悪いメッセージを接受国に伝え、接受国の気分を害してしまった場合にも、大使は訴追や禁固されない特権を与えられていました。たとえ敵国にいたとしても、国の代表、メッセンジャーとして大使は守られてきたのです。

イタリアには「たとえ悪い知らせが伝えられても使者には罪はない」（Ambasciator non porta pena.）ということわざがあります。今も日常会話でよく使う表現です。もめ事が起きた時に、使者として送られた人に罪はなく、使者を罰しないというのが、イタリアの「当たり前」

なのです。こうした考え方は、古代ギリシャ時代からローマ帝国時代、ルネッサンス期のイタリア、そして近代のヨーロッパで確立された基本的な外交の約束事です。

教皇レオ1世は卓越した外交官でもありました

歴史を振り返れば、ローマからコンスタンティノープル（現在のトルコ・イスタンブール）へ大使を派遣した教皇レオ1世（在位440年〜461年）は、実質的な外交官の先駆けかもしれません。レオ1世はビザンチン帝国の首都コンスタンティノープルに大使（代理人）を派遣し、駐在させていました。また、レオ1世は、ローマから中東に関する外交にも携わっていました。ヨーロッパの民族大移動でローマへ侵攻してきたフン族のアッティラ王とローマの外交交渉に携わり、ローマへの侵攻を止めました。フン族がローマ侵攻を諦めたのは、レオ1世の優れた外交手腕のおかげだと思います。

「AMBASSADOR」（大使）は古代ギリシャ語で「APOCRISARI」といわれ、遠く離れた国や他国の誰かのためにさまざまな問題を解決する人という意味でした。「APOCRISARI」は遠く離れた地で国を代表する「メッセンジャー」だったのです。

その後、「APOCRISARI」はラテン語「AMBACTIA」となり、「サービス」を意味する伊語「AMBASCIATA」または、仏語「AMBASSADE」、英語「EMBASSY」となりました。「EMBASSY」とは、外国で有益な人を意味し、国の公式メッセージを運んでくる人のことを意味します。『プログレッシブ英和中辞典』（小学館）によれば、「ラテン語 ambactia（amb-間に＋-actus 動く人）」から派生した言葉です。

ルネッサンス時代のミラノで生まれた外交儀礼（プロトコール）

ルネッサンス時代の1455年頃からイタリアのミラノで外交官の仕事が活発になりました。ミラノは北イタリアの国々と相互に常設の大使館を設置しました。近代の外交儀礼（プロトコール）の多くはこのルネッサンスの時期に発展しました。現代外交の伝統の多くがイタリアから始まったのです。

しかし、その頃から大使や大使館のことを肯定的にとらえるか、否定的にとらえるかが議論されるようになりました。大使や大使館が平和のために交渉する代表という見方と、自国を探るスパイの役目を果たしているという見方が出てきたのです。ミラノは、スパイ活動や内政への介入を恐れてフランスの代表者を大使として迎えることを拒否しました。このように大使や大使館員がスパイと見なされるようなことも場合によってはあるのです。

ＢＢＣ（英国放送協会）の報道によれば、バラク・オバマ前アメリカ大統領は、２０１６年11月のアメリカ大統領選にロシア政府が介入したという情報機関の報告を受けて、ロシア外交官35人と家族に国外退去を命じました。ワシントン特別区にある駐米ロシア大使館とサンフランシスコの総領事館に勤務するロシア人外交官35名と家族を「ペルソナ・ノン・グラータ」（好ましくない人物）に指定し、72時間以内にアメリカを退去するよう命じたのです。また、ロシアの軍参謀本部情報総局（ＧＲＵ）や連邦保安局（ＦＳＢ）を含む９機関＆個人への制裁措置を発表しました。さらに、ロシア情報機関が使用するニューヨークとメリーランド両州の施設を閉鎖すると発表しました。

ロシアの元スパイで、イギリスへ亡命中のセルゲイ・スクリパリ氏（元ＧＲＵ大佐）が２０１８年３月４日、イギリス南西部ソールズベリーの自宅付近で、娘のユリアさんと神経ガスに触れて意識不明の重体となった事件を受けて、テリーザ・メイ英首相は２０１８年３月14日、ロシア外交官23人を国外追放すると発表しました。ロシア製の神経剤が使われたとされる殺人未遂事件に関して、ロシア側が説明を拒否したからです。１９８５年に元ロシア将校の亡命後に31人が追放されて以来、最大規模の措置です。

また、ドナルド・トランプ大統領も駐米ロシア人外交官60名の国外追放を発表しました。また欧州連合（EU）の14加盟国もロシア人外交官の追放を決めました。

しかしながら、ロシア政府がこの事件にかかわったという確実な証拠がないのです。ですから、EUの国の中には、イギリスを支持し事件を糾弾するとしながらも外交官の追放措置は取らない国や、１名のみ追放という国もありました。

ロシア政府も２０１８年３月29日、報復措置としてアメリカ人外交官60人を国外退去処分にし、サンクトペテルブルクにあるアメリカ領事館の閉鎖を命じました。また、ロシア外交官を退去処分にした欧州各国についても同様の措置を取ると発表しました。ロシアのセルゲイ・ラブロフ外相は「それ以外の国については、ロシア内の在外公館から退去させる職員数は接受国に合わせることになる」と述べました。

これは、「相互主義」（Principle of Reciprocity）、つまり「外交・通商関係において、接受国の自国に対する待遇と同等の待遇を与えようとする主義」という慣行に基づいた正当な手続きです。ロシアや各国の外務省は相互主義にのっとった対応をしています。ただし、こうした外交官の追放が続けば、コミュニケーションが難しくなっていきます。アメリカとロシアが冷戦時代のような険悪な関係にならないことを、私は願っています。

「外交関係に関するウィーン条約」で守られた大使館

現代は、大使が居住する大使館などの在外公館は外交特権による治外法権を正式に保証されるようになってきました。

1961年に採択され1964年に発効した「外交関係に関するウィーン条約」(Vienna Convention on Diplomatic Relations)で、外交使節団の階級、派遣、接受、特権、免除など外交関係に関する国際慣習法が成文化されたのです。

『日本大百科全書(ニッポニカ)』(小学館)によれば、外交特権とは、「国際法上、外国の外交使節団および外交官には、一般の外国人とは異なる特別の保護・待遇が与えられる。これを外交特権または外交特権免除という。外交官にこのような特別の地位が認められるのは、彼らが国家を代表してその名誉と威厳を維持し、任務を能率的に遂行する必要があるからである。外交特権には不可侵権と治外法権がある。不可侵権は、外交使節の生命・身体・自由・名誉・館邸・公文書・通信などを侵されない権利である。接受国は、官吏自身がこれらを侵害してはならないことはもとより、一般の私人がこれを侵害しないように十分の警備を尽くさなければならない。たとえば、外交官を逮捕・拘束するなどはできないし、私人が大使館に侵入することのないよう十分な措置を講じておかなければならない。治外法権とは、外交官が接受国の刑事・民事・行政の各裁判権、警察権、租税権、役務・社会保障などの行政権より免除されることである。たとえば、接受国が外交官を訴追・処罰できるのは、その本国が明示的に特権を放棄した場合のみである」とされます。

政府、企業、宗教などに関する機密情報を公開するウェブサイト『ウィキリークス』の創始者ジュリアン・アサンジさんは、そうした大使館に関する条約のおかげで、駐英・エクアドル大使館内で保護を受けられています。

私はアサンジさんの行動を支援する気持ちはありません。あくまでも、ここで彼の事件を取り上げるのは、外交特権で保護されている事例としてです。

2012年6月、性的暴行容疑に関してイギリスの法廷でスウェーデン移送が決定された時に、彼は移送を避けるためにロンドンの駐英・エクアドル大使館に政治亡命を申請し、同年8月に認められました。エクアドルはアサンジさんの自国への入国を要請していますが、イギリス政府は彼が駐英・エクアドル大使館の敷地外へ出た場合は、身柄拘束する方針です。2017年12月に帰化申請も承認され、エクアドル国籍が与えられたアサンジさんは、大使館と大使の決まり事に守られて、今も駐英・エクアドル大使館に滞在し続けることができています。

少し前の話ですが、イタリア人の女性がエジプト人の男性と結婚して娘をもうけた後、エジプト人の男性が彼女を奴隷のように扱ったためにトラブルとなりました。これはイタリアでは有名な事件です。彼女はエジプト人男性との結婚後、奴隷のような扱いを受けていましたが、幸運にもイタリア国籍を保持していました。困窮した彼女は娘と2人で駐エジプト・イタリア大使館に助けを求めて駆け込みました。その後、娘の親権を巡り争いが続きました。そのため、イタリア大使館の敷地から1歩も出ることができず、駐エジプト・イタリア大使館に約2年間住むこととなりました。先のアサンジさんと同じような状態でした。在外公館の不可侵や刑事裁判権の免除を、各国はきちんと守っているのです。

大使は政治家ではありません、大使館という船の船長です

在外公館の不可侵や刑事裁判権の免除など、外交特権で守られてきた大使館や大使は、国家間の問題を解決するための使者として真摯に役目を果たしています。私が考える大使館は、国を代表するメッセンジャーが乗船する船のようなものです。大使館が「母船」とすれば、青いナンバープレートを付けた外交官の自動車は「小型ボート」です。母船も小型ボートもともに、外交特権で守られています。大使は船長を務め、参事官や一等書記官は乗組員です。そして大使は、国からのメッセージを伝えるのが職務であって、政治家ではありません。国の政治とは無縁な存在です。本国からのメッセージを正しく伝え、両国の外交関係を促進するのが大使の大きな役目なのです。

しかし、最近は大使が政治家と見なされる問題が出てきました。「犯罪収益移転防止法」における「外国の政府等において重要な地位を占める方」(Politically Exposed Persons＝外国PEPs)への規制がその問題です。外国PEPsとは、外国の政府等において重要な地位を占める者(外国の国家元首等)とその地位にあった者、それらの家族および実質的支配者がこれ

らの者である法人を指します。

国家元首や、日本の役職で言えば、内閣総理大臣その他の国務大臣および副大臣に相当する職、衆議院議長、衆議院副議長、参議院議長または参議院副議長に相当する職、最高裁判所の裁判官に相当する職、特命全権大使、特命全権公使、特派大使、政府代表または全権委員に相当する職、統合幕僚長、統合幕僚副長、陸上幕僚長、陸上幕僚副長、海上幕僚長、海上幕僚副長、航空幕僚長または航空幕僚副長に相当する職、中央銀行の役員、予算について国会の議決を経て、または承認を受けなければならない法人の役員、以上のような外国人は、２０１６年10月施行の「犯罪収益移転防止法」改正に伴い、金融機関との取引時に厳格な確認が必要になりました。

しかし、特命全権大使や特命全権公使と、内閣総理大臣その他の国務大臣および副大臣に相当する職はまったく異なります。内閣総理大臣が政治家であるのに対して、特命全権大使は外交官であり政治家ではありません。さらに言えば国家公務員なのです。

この解釈で、特命全権大使である私たち駐日外交団のメンバーは、日本における銀行口座の開設などが難しくなってしまいました。個人の普通口座を開設しようとして断られたケースもあります。政治家ではない外交官が、政治家と同じように扱われることに戸惑っている駐日大使は少なくありません。母国から遠く離れた地で働く外交官の外交特権に対して、規制が強くなってきているのを実感しています。この外国PEPsの法律は外交官に対してアンフェアな法律です。なぜなら、外交官とは本国においても接受国においても、政治的な権限がまったくない存在だからです。

メッセンジャーである大使の殺害は許されない暴挙

歴史的に大使（Ambassador）は中立とみなされ、外交特権により保護され、尊敬されるべき存在でした。また大使と大使館は国家が平和な関係を築くために重用されてきました。

２０１２年、イスラム教の預言者ムハンマドを揶揄《やゆ》するアメリカ映画『Innocence of Muslims（イノセンス・オブ・ムスリムズ）』がきっかけとなり、イスラム諸国で大規模な抗議デモが発生していました。そして同年9月11日、リビア東部ベンガジのアメリカ領事館が武装集団に襲撃され、クリストファー・スティーブンス駐リビア・アメリカ大使と大使館職員３人が殺害されました。エジプトのカイロでも同日、アメリカ大使館の国旗が焼かれました。アメリカ大使が殺害されたのは、１９７９年にアドルフ・ダブス駐アフガニスタン米大使が殺害されて以来のことです。

エジプト、リビア発の反米デモは近隣のイスラム諸国にも波及しました。アフリカのスーダンでは、アメリカだけではなく、イギリスやドイツなどのヨーロッパ諸国の在外公館も攻撃されました。接受国は十分の警備を尽くさなければならないのですが、治安部隊が在外公館への侵入を許したのは、独裁強権体制が崩壊していたからです。治安維持能力が低下して国内が混乱していたのです。この事件はウィーン条約の明白な違反であり、外交官の殺害は許されない暴挙だと思います。

２０１６年12月19日にトルコの首都アンカラでは、アンドレイ・カルロフ駐トルコ・ロシア大使が殺害されました。写真展「トルコ人が見たロシア」の開会の辞を述べる際に、警護で会場にいた警察官に背後から銃撃されたのです。カルロフ大使は外交官であり、政治家ではありません。ロシアからトルコへ派遣されたメッセンジャーです。彼はロシアとトルコの外交関係を良くするためにアンカラに駐在勤務していただけなのですが、残念ながら凶弾に倒れてしまいました。

スティーブンス大使、ダブス大使、カルロフ大使、大使館員の皆さんのご冥福を心からお祈りいたします。

試合後には、相手を敬う武道の精神

私はイタリアの道場で柔道をやっていました。16歳から20歳まで柔道の稽古を続け、かなり上達しました。私が魅了された柔道をはじめ日本の武道は、体だけでなく精神も鍛えられます。また、礼儀やマナーを大切にしています。試合も礼（お辞儀）から始まり、礼で終わります。お互いに戦う相手を尊敬し、相手を敬うという素晴らしい精神が「当たり前」となっています。何よりもフェアプレーの精神で全力を出し切ることに意義がありす。試合が終われば、勝者も敗者もお互いに礼をして讃《たた》え合います。試合中は敵ですが、試合後は敵ではありません。試合の結果は水に流して、次の試合に備えて稽古を続けていきます。とても素晴らしい日本の武道の精神です。

私は水泳が好きで、毎週プールで泳いでいます。競泳もレースが終わったら、隣のレーンで泳いでいた選手と握手し、抱擁して、お互いに健闘を讃えます。例えば金メダルを逃し、銀メダルを獲得した選手も本心は悔しいでしょうが、試合が終われば相手選手に対して称賛を送るフェアプレーが根付いています。そうした選手のフェアプレー精神を見ると、嬉《うれ》しくなります。

イギリス発祥のラグビーにも、日本では武道のようなフェアプレーの精神があります。1899年に慶應義塾大学に伝えられたラグビーは、日本で独自の進化を遂げ、ワールドカップへ参加するまでになっています。そんな日本のラグビーには「ノーサイド」の素晴らしい精神が引き継がれていると思います。試合終了時に吹かれる「ノーサイド」の笛が鳴れば「試合後には、勝者サイドも敗者サイドもない」という考え方です。日本のラグビー選手は、試合後は敵味方の区別なく、相手を讃えます。試合が終われば恨みっこなしなのが、日本ラグビー界の「当たり前」なのです。スポーツでのフェアプレー精神は、日本の武道の精神に繋《つな》がっていると思います。

しかし、「試合後には、勝者サイドも敗者サイドもない、互いの健闘を讃え合う」という日本武道、ラグビー、競泳などに見られるフェアプレーの精神が、世界のすべての国で「当たり前」ではありません。試合後に、握手も挨拶もしないという人たちもいるのが世界の現実なのです。フェアプレーではなく、どんな手段を使ってでも勝てばいいと考える人たちさえもいます。試合後に敗者が勝者を恨んだり、勝者が敗者を見下すことも、世界にはあるのです。

フェアプレーの精神が通じないこともある

韓国の朴槿恵《パククネ》前大統領は、「加害者と被害者という歴史的立場は、1000年の歴史が流れても変わることがない」とよく口にしていましたが、戦争ははるか70年以上前に終結しています。また韓国は「現在まで遺族補償がされていない」とも言っていますが、日本は補償のためにすでに莫大なお金を支払っているのです。

1965年に「日韓基本条約」と同時に結ばれた付随協定「日韓請求権並びに経済協力協定」で韓国は、日本から無償で3億USドル（当時の為替レートで約1080億円）、政府借款で2億USドル（同720億円）、合計5億USドル（同1800億円）が提供されました。当時の韓国の国家予算の約1・5倍の巨額なお金を日本は支払ったのです。加えて民間借款でも3億USドル（同1080億円）の支援が行われました。当時の日本の外貨準備高が

18億USドルでしたから、日本の支払いはとてもフェアな行いであったと思います。日本に動員された被害者の供託金（未払い賃金）も請求権協定を通じて受け取った無償3億USドルに含まれており、これで日韓の請求権に関する問題はすべて解決しました。この時点で「ノーサイド」の笛が吹かれたはずでした。

当時の朴正熙《パクチョンヒ》大統領（朴槿恵前大統領の父親）は、日本からの巨額の資金を経済インフラストラクチャー整備に投資して工業化を進め、「漢江《ハンガン》の奇跡」と呼ばれる経済発展を成し遂げたのです。しかし、朴正熙大統領は個別補償として日本から受け取った無償の3億USドルを国民には支給しなかったのです。さらに、「日韓請求権並びに経済協力協定」の内容を、国民に知らせていませんでした。

国民にこの協定の内容を知らせないことが、朴正熙大統領と韓国政府の狡猾《こうかつ》なところです。日本からはちゃっかりとお金を受け取りながら、国内では反日教育を強化していきました。官民合わせて合計8億USドルもの大金を、日本から受け取っていた事実を知らない韓国人は、日本に対してますます不満を募らせていきます。おそらく朴正熙元大統領も朴槿恵前大統領も、日本のフェアプレー精神は理解できなかったのかもしれません。

２０１７年の韓国大統領選で「慰安婦問題をめぐる日韓合意」の破棄・再交渉を公約に掲げて当選した文在寅《ムンジェイン》大統領も、「日本が真実を認識し、被害者に心から謝罪することが必要だ」と言ったり、「日韓合意は『最終的かつ不可逆的』な解決ではない」と言い出しました。

最終的かつ不可逆的な日韓合意とは何か？

まずは、日韓合意に関する、２０１５年12月28日当時の日韓両外相共同記者発表を振り返って見てみましょう。

〈岸田文雄　日本外務大臣〉

日韓間の慰安婦問題については、これまで、両国局長協議等において、集中的に協議を行ってきた。その結果に基づき、日本政府として、以下を申し述べる。

（1）慰安婦問題は、当時の軍の関与の下に、多数の女性の名誉と尊厳を深く傷つけた問題であり、かかる観点から、日本政府は責任を痛感している。

安倍内閣総理大臣は、日本国の内閣総理大臣として改めて、慰安婦として数多の苦痛を経験され、心身にわたり癒しがたい傷を負われた全ての方々に対し、心からおわびと反省の気持ちを表明する。

（2）日本政府は、これまでも本問題に真摯に取り組んできたところ、その経験に立って、今般、日本政府の予算により、全ての元慰安婦の方々の心の傷を癒やす措置を講じる。具体的には、韓国政府が、元慰安婦の方々の支援を目的とした財団を設立し、これに日本政府の予算で資金を一括で拠出し、日韓両政府が協力し、全ての元慰安婦の方々の名誉と尊厳の回復、心の傷の癒やしのための事業を行うこととする。

（3）日本政府は上記を表明するとともに、上記（2）の措置を着実に実施するとの前提で、今回の発表により、この問題が最終的かつ不可逆的に解決されることを確認する。

あわせて、日本政府は、韓国政府と共に、今後、国連等国際社会において、本問題について互いに非難・批判することは控える。

〈尹炳世《ユンビョンセ》　韓国外交部長官〉

韓日間の日本軍慰安婦被害者問題については、これまで、両国局長協議等において、集中的に協議を行ってきた。その結果に基づき、韓国政府として、以下を申し述べる。

（1）韓国政府は、日本政府の表明と今回の発表に至るまでの取組を評価し、日本政府が上記（2）で表明した措置が着実に実施されるとの前提で、今回の発表により、日本政府と共に、この問題が最終的かつ不可逆的に解決されることを確認する。韓国政府は、日本政府の実施する措置に協力する。

（2）韓国政府は、日本政府が在韓国日本大使館前の少女像に対し、公館の安寧・威厳の維持の観点から懸念していることを認知し、韓国政府としても、可能な対応方向について関連団体との協議を行う等を通じて、適切に解決されるよう努力する。

（3）韓国政府は、今般日本政府の表明した措置が着実に実施されるとの前提で、日本政府と共に、今後、国連等国際社会において、本問題について互いに非難・批判することは控える。

以上が、外務省による共同記者発表の全文です。日本政府は、日韓合意に従い10億円を韓国政府に拠出ました。日本政府から受け取った10億円で韓国政府が設立した「和解・癒やし財団」が元慰安婦らへの現金支給事業を実施してきました。合意時点での生存者47人のうち、36人が受け取ったか、受け取る意思を示していました。

外交で高い授業料

しかし、韓国の康京和《カンギョンファ》外相は2018年1月9日、「最終的、不可逆的な解決」を確認した日韓合意について記者会見を行い、日本政府が拠出した10億円について、韓国政府の予算を充てる、つまり韓国政府が10億円の負担をすることを表明しました。そして、日韓合意が「真の問題解決にはならない」と指摘した一方で、「両国間の公式合意だったという事実は否定できない」と再交渉は求めないものの、「被害者の望みは自発的な真の謝罪だ」という矛盾した主張をしてきました。さらに康京和外相は2月26日、国連人権理事会（ジュネーブ）のハイレベル会合の演説で、慰安婦問題を巡る2015年の日韓合意は「被害者中心の取り組みを欠いていた」と発言したのです。

そして、文在寅大統領も2018年3月1日、1919年に起きた最大規模の抗日運動「三・一独立運動」の記念式典で演説し、旧日本軍の慰安婦問題について「戦時中にあった反人倫的な人権犯罪行為は、終わったという言葉で覆い隠すことはできない」「不幸な歴史であるほどそれを記憶し、学ぶことが真の解決だ」と主張しました。また韓国が実効支配している島根県の竹島（韓国名・独島《トクト》）についても、「日本の侵略の過程で真っ先に奪われた土地」「日本がその事実を否定することは、帝国主義侵略への反省を拒否することにほかならない」と主張しました。

駐韓日本大使館前の少女像についても「適切に解決されるよう努力する」という表現で移転を示唆していましたが、いまだ移転もされていません。日韓合意以降も少女像がいまだに増えていることで、日本でも在日韓国人や朝鮮人に対して、ブログやSNSで罵ったりする人も増えていますが、そんなことはやめましょう。品格のない相手と同じ土俵に立つ必要はありません。日本は「王者の品格」を見せましょう。ただし、覚えておかなくてはいけません。約束を守らない、フェアプレーの精神が通じないこともあるということです。

ニッポン放送『高嶋ひでたけのあさラジ！』のWEBで作家の佐藤優《まさる》さんが「約束はしたけれども『守る』とは約束していないということになり得るということを常に考えた上で外交戦略を構築しなければいけないという、われわれは非常に高い授業料を払ったと考えて先に進んで行くことが大切だと思いますね」と、元外交官らしい表現をされていたと知人からうかがいました。私も今回の日韓合意は実質的に破綻していると思いますので、次の展開に備えていくことが大切だと思います。何でも日本のせいにする文化を持つ、厄介なお隣さんには日本の常識が通じないと考えたほうがいいようです。

中国の政治体制はどうなるのか？

中国は、1982年から国家主席の任期を2期（10年）に制限してきました。毛沢東のような独裁者の誕生を避けるために、鄧小平《トオンシィアオピン》氏らが国家主席の3選を憲法で禁止したのです。憲法に従い、江沢民《チィアンツォミン》元主席と胡錦濤《フウチンタオ》前主席は2期（10年）を務めて引退しました。

しかし、習近平《シィチンピン》主席は、国家主席の任期2期（10年）までとする憲法の条文を削除する改正案を提出しました。そして、中国の国会に相当する全国人民代表大会（全人代）は2018年3月11日、国家主席の任期を2期（10年）までとしていた規定を撤廃する憲法改正案を可決しました。2期目に入っている習近平主席は、憲法上の制約がなくなったので、いつまでも主席を続けることが可能となったのです。兼任する中国共産党中央委員会総書記、中国人民解放軍トップの中央軍事委員会主席には任期制限がありませんから、政府、党、軍のトップを、任期制限なく続けることが可能になったのです。

政府、党、軍のすべてのトップであれば、どうしても権力が集中してしまいます。理論上は、独裁者として圧政、暴政を行うことも可能でしょう。歴史を振り返れば、毛沢東だけではなく、ソ連のヨシフ・スターリン、ナチス・ドイツのアドルフ・ヒットラーなどは、その絶大な権力を悪用して大粛清を行い、貴重な命が奪われてきました。

しかし、習主席は頭の良いリーダーのようですから、毛沢東のように自国民を殺戮《さつりく》するような独裁者にはならないでしょう。習主席には未来志向で平和的な国家指導者として、世界で活躍していただきたいと心から願っています。

パックス・ロマーナからパックス・シニカを考えてみる

ローマの共和制は、ガイウス・ユリウス・カエサルが任期のない終身独裁官に就任してから崩壊が始まりました。

独裁官は、国家の危機に際して執政官2名の指名によって選出されていましたが、その権力があまりにも絶大なので、任期が6か月と制限され、独裁者の誕生に歯止めをかけていました。

しかし、カエサルが終身独裁官になったことがきっかけで、ローマの共和制は終わりました。カエサルが独裁を続ける野望は、元老院議員による暗殺で潰《つい》え、紀元前27年にカエサルの養子で後継者であるオクタヴィアヌス（アウグストゥス）は元老院で、戦時の全特権を返上して共和制への復帰を宣言しました。しかし、ローマおよびイタリアを直接支配する執政官の職は返上していませんでした。共和制の守護者になると思った元老院は、皇帝の称号を付与し、ローマ軍団の全軍最高司令官としてしまいました。また護民官として、元老院の決議に対して拒否権を持つことになりました。結局、インペラートル・カエサル・ディーウィー・フィーリウス・アウグストゥスは初代皇帝となりました。彼は、ローマの内乱を治め、地中海に広がるローマ帝国を統一し、「パックス・ロマーナ」（ローマによる平和）を実現しました。

2012年11月に共産党トップの中央委員会総書記に就任した習近平主席は「中華民族の偉大なる復興という中国の夢を実現する」という目標を掲げています。唐、明、清帝国時代のような偉大な中華帝国の復興を目指しているという意味に解釈できます。

世界の中心に宗主国・中華帝国があり、周辺の国は朝貢国・属国（藩国）であったのです。偉大な中国の復興とは、中華帝国とアジアの関係の復活を狙うものなのでしょうか？

ローマ時代の五賢帝までの「パックス・ロマーナ」、産業革命後の「パックス・ブリタニカ」（大英帝国〈イギリス〉による平和）、第2次世界大戦後の「パックス・アメリカーナ」（アメリカによる平和）でした。

習主席は、「パックス・アメリカーナ」の終焉《しゅうえん》と「パックス・シニカ」（中華帝国による平和）を目指しているのかもしれません。そうなれば、中華帝国の周辺のかつて朝貢国・属国（藩国）であった国々に対して、政治的、経済的、軍事的、文化的に宗主国の態度で接することになるのではないでしょうか？　21世紀版の「冊封《さくほう》体制」を考えているのかもしれません。『日本大百科全書（ニッポニカ）』（小学館）によれば「冊封体制」とは「近代以前の中国とその周辺諸国との関係を示す学術用語。冊封とは、中国の皇帝が、その一族、功臣もしくは周辺諸国の君主に、王、侯などの爵位を与えて、これを藩国とすることである。冊封の冊とはその際に金印とともに与えられる冊命書、すなわち任命書のことであり、封とは藩国とすること、すなわち封建することである」という意味です。

ＯＤＡは当然のこと、感謝はしない

江沢民元国家主席の愛国主義教育もそうでしょう。１９９４年8月に「愛国主義教育実施綱要」を発表し、幼稚園から大学まで全教育課程で徹底した愛国教育を始めました。「日本の軍国主義による犠牲者は３５００万人」や「南京大虐殺30万人」などといったプロパガンダを世界に発信し、多くの国民を欺いてきたと聞きました。１９８９年の天安門事件後、共産党による支配体制への不満を外に向けるために、中国共産党が日本を敵国扱いして、国民を欺いて反日へ走らせたといわれています。

中国共産党が愛国主義教育をしていた時も、日本は中国へのＯＤＡ（政府開発援助）を続けていました。政府による開発協力を通じて途上国の発展を手助けし、地球全体の問題解決に努めていたのが日本です。開発途上国の安定と発展に貢献することで、望ましい国際環境を形成することが、国際協調主義に基づく「積極的平和主義」の実践であると考えているからです。

日本からのODAは、大規模ダムや発電所、港湾、防波壁、高速道路、橋、鉄道、病院、学校の整備などに使われ、開発途上国の経済インフラストラクチャーの基盤をなしています。有名な大型ODA案件では、トルコのボスポラス海峡にかかる「第2ボスポラス橋」、エジプトのスエズ運河にかかる「日本・エジプト友好橋」と名付けられた橋など枚挙にいとまがありません。

ODAで建設された道路、鉄道、橋、日本が贈与した救急車や消防車などに、日章旗やODAのロゴ・マークなどが入れられ、多くの国で日本への感謝が表されています。アジア、アフリカ、中東、中南米、欧州、太平洋州など世界中で日本のODAは感謝されています。また、国民にも日本からの援助の実態が知らされています。多くの政府が、日本に感謝を表明しています。

外務省によれば、日本の中国向けのODAは、1979年に開始され、2013年度までに有償資金協力（円借款）を約3兆3164億円、無償資金協力を1572億円、技術協力を1817億円、総額約3兆6000億円以上を実施してきました。

例えば、北京空港に300億円、上海空港に400億円、天生橋水力発電所に1180

億円など、中国のインフラストラクチャー整備に日本のODAは役立っているはずですが、報道されるわけでもなく、中国の国民のほとんどが日本からの援助を知りません。

素晴らしい上海空港が日本の協力で建設されたことを、国民には知らせないで、愛国教育で反日運動を煽《あお》ってきたといわれています。有償資金協力（円借款）だけでなく、無償資金協力や技術協力もありますが、そのことも知らされていません。むしろ中国共産党がODAの情報を遮断してきたのです。こうした政府開発援助だけではなく、日本の民間企業も中国工場の建設、技術供与などを行ってきましたが、そのことも中国の国民には知らされていません。

2000年5月に来日した唐家璇《タンジアシュエン》外相は日本記者クラブの記者会見で、日本からの援助を「中国に対するODAは、戦後賠償に代わる行為である」。そして「日本のODAは中国の現代化に大いに役立っており、積極的に評価している」とは語りましたが、決して、日本に感謝しているとは言いませんでした。

中国共産党は日本のODAは戦後賠償に代わるものだから感謝しなくてもいい、だから援助の実態を国民に知らせる必要はないと思っているのかもしれません。

「平和的な武器」を開発できないか？

ストックホルム国際平和研究所（ＳＩＰＲＩ）「世界の武器輸出額　国別ランキング」によれば、２０１６年の武器輸出額は、１位アメリカ（約99億ＵＳドル）、２位ロシア（約64億ＵＳドル）、３位ドイツ（約28億ＵＳドル）、４位フランス（約22億ＵＳドル）、５位中国（約21億ＵＳドル）、６位イギリス（約14億ＵＳドル）、７位イスラエル（約13億ＵＳドル）、８位イタリア（約８億ＵＳドル）、９位韓国（約５億ＵＳドル）、10位ウクライナ（約５億ＵＳドル）です。

２００２年に武器輸出の総額は約１８０億ドルでしたが、２０１６年の総額は３１０億ドルにまで増えています。世界の上位５大武器輸出国であるアメリカ、ロシア、ドイツ、フランス、中国だけで、輸出総額の74％を占めています。また、１９９１年の冷戦終結以来、重武器の世界貿易が今や最高水準に達しています。中東地域などでは過去数年間に武器輸入が急増しており、２０１２年から２０１６年の間に域内の輸入は86％増加し、世界の武器購入量の29％を占めたそうです。主要な武器輸入国としては、インド、サウジアラビア、アラブ首長国連邦が挙げられています。

武器の輸出国上位は、3位のドイツを除きすべて国連安全保障理事会の常任理事国（アメリカ、ロシア、フランス、中国、イギリス）です。

アメリカの武器輸出が1位である理由は、武器が高性能で高価格だからです。また、湾岸戦争やイラク戦争、アフガニスタン戦争などでその高い性能を世界が認めているからです。アメリカの武器は、日本やオーストラリアなどの同盟国を中心に売れています。

2位のロシアは、中国、インド、ベトナム、イラン、エジプト、アルジェリア、ベネズエラ、アラブ首長国連邦などを中心に売り上げを伸ばしています。中国とインドへ最も多く輸出しています。

5位の中国は、ロシアから導入した武器のライセンス生産などで武器を開発してきました。最近はロシアから武器を輸入しながら、途上国向けに武器の輸出を急激に伸ばしています。中国の武器は、低価格ですが、武器の性能や信頼度が低くパキスタン、バングラデシュ、ミャンマーなどのアジア諸国や、アフリカへ輸出されています。途上国へは資源と交換で武器を輸出しているようです。金やダイヤモンド、石油との交換で、中国の武器が提供されているようです。ただし、欧米の先進国で中国の安い武器を買う国はないようです。

私は世界から紛争や戦争がなくならないなら、もっと違うタイプの武器を開発したらいいのではないかと考えています。例えば、戦意を失わせるガス兵器です。紛争地帯に戦意を失わせるガスを撒《ま》き、戦闘員の戦意を失わせ、気絶しているうちに脅威を取り除く武器です。化学兵器や生物兵器で戦闘員の生命を奪うことは禁じられていますが、戦意を喪失させ、気絶させて気づかないうちに戦闘員を戦場から運び出すなら、死傷者が出なくていいのではないでしょうか。これは、絵空事ではないと思います。アメリカの軍需産業の技術があれば、十分に開発できる「平和的な武器」だと思います。皆さんはお笑いになられるかもしれませんが、こうした未来の兵器開発は進んでいくと思います。

北東アジアの脅威への仕方ない出費

北東アジアの軍事的な脅威があるために、日本は防衛費の予算を組まなくてはなりません。もし、こうした脅威がなければ、防衛費の予算を削減できるので税金は安くなり、国民は今以上に豊かになると思います。現在は、日本の防衛はアメリカ軍駐留経費と自衛隊の防衛費で多額の予算を組まざるを得ません。

２０１６年1月、岸田文雄外相と当時のキャロライン・ケネディ駐日アメリカ大使は、在日アメリカ軍駐留経費（思いやり予算）の特別協定に署名しました。２０１６年3月末に期限が切れる協定に代わるもので、期間は２０１６年度〜２０２０年度の５年間です。日本政府の負担総額は２０１１年度〜２０１５年度より約１３３億円増の総額９４６５億円となるそうです。思いやり予算は１９７８年、当時の金丸信《かねまるしん》防衛庁長官が「思いやりというものがあってもいい」と発言し、基地従業員の人件費の一部62億円を負担したのが始まりだったそうです。施設整備費や光熱水費などもその後に加わり、現在は5年ごとに予算額を見直しています。２０１１年度〜２０１５年度は年平均１８６６億円を支出し、在日アメリカ軍基地内の住宅、学校、教会、ゴルフ場、銀行、ファストフード店まで、アメリカ兵が快適に暮らすための数々の施設が日本の税金で整備されているのには驚きました。

また、アメリカ国防総省が公表した報告書によると、同盟27か国が２００２年に予算計上した「米軍駐留に対する支援額」を比較したところ、日本の「支援額」は44億１１３４万USドルでトップ。次いで、ドイツが15億６３９２万USドル、韓国が8億４３１１万

USドル、イタリアが3億6655万USドルと続くそうです。また光熱水費を支払う同盟国は日本だけ、なのだそうです。

北東アジアの軍事情勢や脅威があるために、日本政府は在日アメリカ軍の駐留経費負担を続けています。日本の安全保障で必要なものですが、もしこの負担が少なくなれば税金が安くなると思います。

パックス・アメリカーナへの不安

第2次世界大戦後の平和は、超大国アメリカ合衆国によってもたらされたことは事実です。「パックス・アメリカーナ」(アメリカによる平和)で、世界の平和は保たれてきました。しかし今、パックス・アメリカーナが続くかどうかの危機的な状況にあるようです。というのも、アメリカ合衆国が抱える問題が非常に難しくなっているからです。

ワシントン・ポストによれば、「アメリカは、世界最大の麻薬消費市場であり、調査によれば1000人当たり61人がアヘンなどの麻薬を服用しているとされている」そうです。また、BBC(英国放送協会)も、「トランプ大統領は、鎮痛剤の乱用による薬物中毒の拡大を『国家的不名誉』と呼び、公衆衛生の緊急事態だと宣言した。米国では『オピオイド』と呼ばれる鎮痛剤の中毒で、毎日140人が死亡している」と警鐘を鳴らしています。

トランプ政権の今、白人至上主義者オルト・ライトも勢いづいているようです。オルト・ライト団体代表のリチャード・スペンサー氏は「アメリカは白人だけのものだ」と主張しています。多様な移民国家であったアメリカで人種の問題が大きくなっているのです。現在、アメリカ国内には人種によるヘイト・クライム（人種や宗教、社会的マイノリティに対する偏見や憎悪を動機とする差別犯罪）も増加しています。

2018年3月、ロシアのウラジミール・プーチン大統領は、一般教書演説でロシアの最新兵器システムを明らかにしました。国際ジャーナリスト・高島康司さんの『マネーボイス』の記事を、友人から知らされて驚きました。CNAS（新アメリカ安全保障センター）というシンクタンクの「未来の鋳型（Future Foundry）」レポートは、「ロシアの軍事力はアメリカをすでに上回っており、アメリカは覇権を維持するだけの軍事力をすでに保持していない」というのです。プーチン大統領が言及したロシア軍の最新兵器は、原子力推進巡航ミサイル（推進力が原子力なので航続距離の制限がなく、無限に飛行可能）、ICBM搭載の無人原子力潜水艦（非常に深い深度を高速で音もなく移動できる）、「キンザール」ミサイル（最高速度はマッハ10で航続距離が2000㎞の中距離弾道ミサイル）、「アヴァンガード」ミサイル（最高速度マッハ20の戦略ミサイル）です。CNASは、ロシアの新型ミサイルは、速度とコースを変えながら飛行できるので、アメリカのミサイル防衛システムを突破できると考えているようなのです。

2018年3月8日、ドナルド・トランプ大統領は鉄鋼とアルミニウムに高関税をかけることを正式に決定しました。アメリカが世界から輸入している鉄鋼に25％、そしてアルミニウムに10％の関税をかけると宣言したのです。しかし、アメリカに鉄鋼を輸出しているのはカナダが最大です。欧州連合（EU）からの輸入量もかなり多いです。安全保障上懸念される中国やロシアからの輸入は思ったほど多くはないのです。アメリカが北大西洋条約機構（NATO）や日本などの同盟国と貿易戦争になるかもしれません。

こうしたアメリカ合衆国が国内外に抱える問題を考慮すると、「パックス・アメリカーナ」（アメリカによる平和）が終焉し、「パックス・シニカ」（中国による平和）の時代に入るかもしれません。私たちは、世界がこうした危機的な状態にあることが「当たり前」であると知った上で、次のステップを考える必要があるのではないでしょうか。

ノーベル賞の受賞でわかる日本の実力

ノーベル賞は、ダイナマイトを発明したアルフレッド・ノーベル氏の遺言に基づいて創設された権威ある賞です。現在は、「医学・生理学」「物理学」「化学」「文学」「平和」「経済学」の6つの賞があります。6つの中でも、自然科学の分野「医学・生理学」「物理学」「化学」のノーベル賞が最も価値がある賞とされています。遺言では「人類に最大の貢献をもたらした人々」に賞が贈られることになっており、毎年、スウェーデン王立科学アカデミーなどが協議して受賞者を決めます。

2017年の時点で日本人のノーベル受賞者は26人です。「医学・生理学賞」「物理学賞」「化学賞」の自然科学系の3つの賞では、1949年に「物理学賞」を受賞した湯川秀樹博士から始まりアメリカ国籍を取得した人も含めて22人が受賞しています。「平和賞」を佐藤栄作元首相が、「文学賞」を川端康成さん、大江健三郎さん、カズオ・イシグロさん（英国籍）が受賞しています。

２０１７年の時点で受賞者数が多い国の1位はアメリカで３５２人、２位はイギリスで112人、３位はドイツで82人です。中国は３人で、「平和賞」を劉暁波《リィウシャーポー》さんが、「文学賞」を莫言《モーイエン》さんが、「生理学・医学賞」を屠呦呦《トゥヨウヨウ》博士が受賞しています。韓国は「平和賞」を受賞した金大中《キムデジュン》元大統領の1人だけです。

アメリカは人口約３億１９００万人で、ＧＤＰ世界第1位。アメリカの大学には世界中から優秀な移民の学生も集まるので、一番受賞者が多いのはわかります。しかし、世界最大の人口約13億６０００万人で、ＧＤＰ世界第２位の中国がわずか３人なのは少ない気がします。韓国は自然科学の分野のノーベル賞の受賞者は皆無です。

日系イギリス人作家のカズオ・イシグロさんは２０１７年「文学賞」を受賞しました。イシグロさんは、子ども学習雑誌『小学一年生』（小学館）の熱心な読者でした。故郷・長崎を両親の仕事のために離れ、イギリスで暮らすイシグロさんのもとには、日本の祖父から毎月、『小学一年生』が届けられ、ページをめくりながら、日本の子ども文化に接し、遥かなる祖国に思いを馳せていたようです。50年以上前に『小学一年生』を通じて蒔《ま》かれた種が、ノーベル「文学賞」として大きく花開いたわけです。日本には未来に繋《つな》がる種を蒔く教育が発達していることも受賞者を増やしている理由なのでしょう。

また、「医学・生理学賞」「物理学賞」「化学賞」の自然科学系で日本人が受賞している理由は、おそらくノーベル氏の遺言「人類に最大の貢献をもたらした人々」にあると思います。アメリカや日本の多くの研究者や学者は、ノーベル賞を受賞するために研究をしているわけではありません。短期的な功利を求めすぎず、基礎研究やたゆまぬ努力によって世界の貧困や問題を解決しようとする気持ちで研究をしているからです。

今後も、日本の皆さんが世界を良くするために貢献を続けていくことに、とても期待しております。

終わりに

私は、日本をよく知ることが、日本で成功する秘訣《ひけつ》だと思います。それは外国人だけではなく、日本人の皆さんにも同じことが言えるかもしれません。私は、以下のことわざで日本に対する理解が深まりました。皆さんとここで共有させていただきます。

第1は、「When in Rome, do as the Romans do.」（郷に入っては郷に従え）です。このことわざのように、日本でビジネスを成功させたいのであれば、日本を深く理解しなくてはならないと思います。日本で成功するには日本固有の商習慣（委託販売や取引口座開設など）や文化を学ぶことが必要です。合弁相手や商社と一緒に仕事をして、よく学び、日本について深く知ることが、日本での成功には不可欠だと思います。

第2は、「Pride comes before a fall.」（驕《おご》れる者は久しからず）です。裕福であるとか、社会的な地位が高いだけで、人を見下したりする人は、あまりよく思われません。パーティーや式典で威張り散らしている方、人を見下している方をお見かけしますが、そんな人に限ってあまり実力を伴っていないことが多いものです。

第3は、「A wise man keeps some of his talents in reserve.」（能ある鷹《たか》は爪を隠す）です。実力のある者ほど、それを表面にあらわさないということです。威張ったりせずに、能ある鷹は爪を隠すほうがいいのです。謙虚な人ほど実力がある場合が多いと思います。

日本人は「能ある鷹は爪を隠す」質《たち》なので、過度にアピールはしませんが、世界は日本が隠している「素晴らしい爪」について知ってしまいました。今後、世界から人がもっとやってくるでしょう。神道、文化、観光資源など、素晴らしい日本の「当たり前」を皆さんが自覚され、日本人として自信を持ち、世界の人々と交流していただければ幸いです。

最後になりますが、駐日大使の皆さまからはいつも助言や激励をいただいており、心から感謝しております。皆さまの助言や応援がなければ、このような著書を書き上げることはできなかったと思います。日頃の感謝を込めて、御礼の言葉を述べさせていただき、本書の締めとさせていただきます。Grazie mille.

駐日外交団長　サンマリノ共和国特命全権大使　マンリオ・カデロ

写真／内閣広報室提供

駐日外交団の日本語を話せる24名の大使と安倍総理大臣（前列中央）との集合写真。

主な参照文献　引用文献一覧（順不同、敬称略、ＨＰはホームページ）

首相官邸ＨＰ
経済産業省ＨＰ
外務省ＨＰ
農林水産省ＨＰ
内閣府ＨＰ
観光庁ＨＰ
林野庁ＨＰ
消費者庁ＨＰ
水産庁ＨＰ
国土地理院ＨＰ
日本政府観光局（ＪＮＴＯ）ＨＰ
駐日ローマ教皇庁大使館ＨＰ
神社本庁ＨＰ
伊勢神宮ＨＰ

東京都都市整備局ＨＰ
北海道ニセコ町ＨＰ
福岡県宗像市ＨＰ
東京都小笠原村観光協会ＨＰ
沖縄県石垣市ＨＰ
ＪＥＴＯＲＯ（日本貿易振興機構）ＨＰ
日本サンマリノ友好協会ＨＰ
日伊櫻の会ＨＰ
ＵＭＩ・ＳＡＣＨＩ推進会議ＨＰ
atmarkIT ＨＰ
Google ＨＰ
佐藤製薬ＨＰ
TOTO ＨＰ
LIXIL ＨＰ
茨城製作所ＨＰ
PJP Eye ＨＰ

赤福ＨＰ
トヨタ自動車ＨＰ
本田技研工業ＨＰ
マツダＨＰ
ゴウダＨＰ
伊藤園ＨＰ
ニッスイＨＰ
関根の胡麻油ＨＰ
九鬼産業ＨＰ
マルホン胡麻油ＨＰ
マルコメＨＰ
にんべんＨＰ
日本文化いろは事典ＨＰ
greenz people ＨＰ
nippon.com ＨＰ
発酵美食ＨＰ

ニッカウヰスキーHP
サントリーHP
アサヒビールHP
メルシャンHP
Cave HP
シンガポール旅行観光.com HP
ビザHP
オッジフルッタHP
ストックホルム国際平和研究所（SIPRI）HP
NHK（日本放送協会）HP
BBC（英国放送協会）HP
湯元不忘閣HP
あつみ温泉萬国屋HP
現代ビジネス（講談社）HP
ニッポン放送HP
ニューズウィーク日本版HP

『世界で一番他人《ひと》にやさしい国・日本』マンリオ・カデロ著、加瀬英明著（祥伝社）
『だから日本は世界から尊敬される』マンリオ・カデロ著（小学館）
『昭和戦後史』上中下巻　古川隆久著（講談社）
『武士道』新渡戸稲造著　奈良本辰也訳（三笠書房）
『日本人なら知っておきたい神道』武光誠著（河出書房新社）
『日本絶賛語録』村岡正明著（小学館）
『新版　パール判事の日本無罪論』田中正明著（小学館）
『なぜ「反日韓国に未来はない」のか』呉善花著（小学館）
『昭和天皇の料理番　日本人の食の原点』谷部金次郎著（講談社）
『妄想大国　韓国を嗤《わら》う』室谷克実著、三橋貴明著（ＰＨＰ研究所）
『パックス・チャイナ　中華帝国の野望』近藤大介著（講談社）
『「中国人の９割が日本が嫌い」の真実』初田宗久著（トランスワールドジャパン）
『世界一訪れたい日本のつくりかた』デービッド・アトキンソン著（東洋経済新報社）
『儒教に支配された中国人と韓国人の悲劇』ケント・ギルバート著（講談社）
『一個人別冊　完全保存版　天皇と皇室』（ＫＫベストセラーズ）
『世界観』佐藤優著（小学館）

『逆説の日本史⑱』井沢元彦著（小学館）
『武器としての経済学』大前研一著（小学館）
『中国を捨てよ』石平著、西村幸祐著（イースト・プレス）
『中国・韓国が死んでも隠したい本当は正しかった日本の戦争』黄文雄著（徳間書店）
『ワイルド・スワン』上下巻　ユン・チアン著　土屋京子訳（講談社）
『プログレッシブ英語中辞典』（小学館）
『日本大百科全書（ニッポニカ）』（小学館）
『日伊中辞典』（小学館）
『君主論　新版』マキアヴェリ著　池田廉訳（中央公論新社）

写真提供／駐日サンマリノ共和国大使館、内閣広報室
特別協力／リカルド・リッチョーニ参事官（駐日サンマリノ共和国大使館）
　　　　　森本美紀（駐日サンマリノ共和国大使館）
編集協力／ライターハウス

マンリオ・カデロ［まんりお・かでろ］
イタリアのシエナにて出生。イタリアで高等学校卒業後、フランス・パリのソルボンヌ大学に留学。フランス文学、諸外国語、語源学を習得。1975年に来日、東京に移住し、ジャーナリストとしても活躍。1989年に駐日サンマリノ共和国の領事として任命される。2002年、駐日サンマリノ共和国特命全権大使を任命され、2011年5月、駐日大使全体の代表となる「駐日外交団長」に就任。現在、講演活動など幅広い活躍をしている。イタリア共和国騎士勲章など多くの勲章を受章している。

編集：楠田武治

世界が感動する日本の「当たり前」

二〇一八年　六月四日　初版第一刷発行

著者　マンリオ・カデロ
発行人　杉本隆
発行所　株式会社小学館
〒一〇一－八〇〇一　東京都千代田区一ツ橋二ノ三ノ一
電話　編集：〇三－三二三〇－五六七六
販売：〇三－五二八一－三五五五
印刷・製本　中央精版印刷株式会社

Printed in Japan ISBN978-4-09-825321-0